SECRETOS DE LOS ILUMINATI

Mitos y Verdades sobre una de las Sociedades
Secretas más Misteriosas de la Historia

NICHOLAS MORRISON

Índice

Introducción

Me complace y honra presentar este libro a aquellos en el mundo que aman la verdad. Este es un libro para los amantes de la verdad. Este es un libro para aquellos que ya están familiarizados con mis escritos anteriores.

Un Gran Maestro Illuminati dijo una vez que el mundo es un escenario y que todos somos actores. Por supuesto, esto no era un pensamiento original, pero ciertamente es una forma de describir la visión Illuminati de cómo funciona el mundo. Los pueblos del mundo son un público al que los Illuminati entretienen con propaganda. Sólo uno de los miles de ejemplos relativamente recientes de este tipo de actuación hecha para el público fue el discurso del Estado de la Unión del Presidente Bill Clinton en 1995.

El discurso fue diseñado para pulsar todos los botones cálidos y difusos de su audiencia que pudo.

El discurso del Presidente, con la ayuda de una audiencia controlada del Congreso, pulsó sistemáticamente todas las luces verdes de la aceptación. La verdad, por otra parte, no siempre hace cosquillas en el oído y calienta el ego de sus oyentes. La luz de la verdad en este libro será demasiado brillante para algunas personas que querrán volver a la comodidad segura de su oscuridad. No soy un teórico de la conspiración. Me ocupo de hechos reales, no de teorías. He conocido a algunas de las personas sobre las que escribo.

Algunas de las personas que expongo están vivas y son muy peligrosas. A la oscuridad nunca le ha gustado la luz. Sin embargo, muchos de los secretos de los Illuminati se guardan bajo llave simplemente porque el secreto es una forma de vida.

Es tal su forma de vida, que les molestan los que quieren contar hechos históricos reales en lugar de historias y mitos trucados. He sido un estudiante intenso de la historia desde que podía leer, y estoy profundamente comprometido con los hechos de la historia en lugar de las historias encubiertas que el público es alimentado para manipularlos. No temo que los Illuminati se apoderen de este país y acaben con la Constitución, porque se apoderaron de este país hace mucho tiempo, y la Constitución no ha estado técnicamente en vigor debido a decretos presidenciales de emergencia desde la Segunda Guerra Mundial.

Ser seguidor de Cristo no significa que debamos temer. El amor perfecto por Dios Todopoderoso echa fuera nuestro miedo por la situación en la que Él nos ha puesto.

No pienses ni por un momento que vas a expulsar a los Illuminati de la oficina. Ellos controlan los partidos políticos mayores y menores. Ellos controlan el proceso de gobierno, ellos controlan el proceso de flujo de información, ellos controlan el proceso de crear dinero y finalmente ellos controlan la Cristiandad. (Sin embargo, Dios controla los corazones de Su pueblo).

Este libro no le dirá cómo tratar con los Illuminati. Este volumen es simplemente una visión general de lo que son los Illuminati. Este libro no está escrito para causar miedo. No está escrito para proporcionar nombres para una caza de brujas. No está escrito para proporcionar otra teoría. Este libro no trata de una teoría. Trata de las oligarquías ocultas secretas que gobiernan el mundo. Cuando se reúnan, los hechos de este libro comenzarán a hablar por sí mismos sin mí. No le pido que acepte mi palabra. Investiga por ti mismo. Dios mismo nos ha dicho que el mundo entero está en poder del maligno. Algunas personas después de haber leído mi material han salido a su propia área geográfica y han visto por sí mismos que un pequeño grupo de personas controlan su nación y el mundo desde detrás de las escenas.

Ellos han visto por sí mismos el poder que las sociedades secretas ejercen detrás de las escenas.

Los Illuminati y sus orígenes

Tiene sentido empezar por el principio. Incluso cuando se habla de los primeros orígenes de los Illuminati, un rápido vistazo a la gama de fuentes que existen proporcionará al lector un centenar de respuestas diferentes. Algunos dicen que la sociedad comenzó su vida en el Antiguo Egipto, otros dicen que no se convirtieron en una fuerza real hasta el establecimiento de los Estados Unidos de América. En esta guía, sin embargo, queremos descubrir la verdad demostrable. En este sentido, debe quedar constancia de que -a pesar de las protestas de algunas personas- hay cierto grado de verdad en la historia de los Illuminati. Comenzaron como una sociedad secreta legítima, con grandes planes y una membresía restringida. Así que antes de pasar a ver algunas de las historias más controvertidas que rodean a la sociedad, debemos tomarnos el tiempo para esbozar exactamente lo que sabemos y exactamente lo que podemos probar. Para ello, tendremos que viajar a Baviera, Alemania, en el siglo XVIII.

Aunque el nombre haya adquirido un nuevo significado en la era moderna (un punto sobre el que volveremos más adelante), los Illuminati originales no sólo eran una sociedad muy real y muy secreta, sino que existieron de verdad, y podemos comprobarlo legítimamente. De hecho, su historia nos ha sido transmitida a lo largo de varios siglos. En lugar de proporcionarnos una visión de una conspiración global dominante, la historia del grupo bávaro puede demostrarnos cómo se pusieron en práctica la política y las creencias de la Ilustración europea. En lugar de basarse en lo oculto, lo extraño y lo misterioso, los Illuminati del siglo XVIII se formaron con principios muy eruditos en mente.

La historia de cómo surgieron, sin embargo, implica hacer un recorrido por los salones de la academia alemana de la época.

· · ·

Uno de los nombres más importantes de esta historia es el de Adam Weishaupt, que en aquella época trabajaba como profesor en la Universidad de Ingolstadt. Sus especialidades eran la filosofía práctica y el derecho consuetudinario, lo que nos da una idea de que era un hombre con los pies en la tierra. Sin embargo, no estaba rodeado de personas con ideas afines. La Universidad de Ingolstadt era conocida por ser una institución predominantemente jesuita. Los jesuitas -católicos especialmente devotos y eruditos- ocupaban casi todos los puestos, hasta el punto de que Weishaupt era el único profesor que no se contaba entre ellos.

Aunque se disolvió ostensiblemente en 1773, la orden jesuita siguió perdurando frente a la cambiante praxis de la Iglesia católica. La Universidad era una de sus instituciones más importantes y, aunque su nombre no figurara oficialmente sobre la puerta, controlaban en gran medida las finanzas de la escuela.

Los jesuitas se definían por su devoción a la causa cristiana.

. . .

Desgraciadamente para ellos, el mundo era posterior a la Reforma. Los esfuerzos de Martín Lutero y sus compañeros reformistas habían sido particularmente fructíferos en Alemania, llevando a los católicos - y, en particular, a los jesuitas - a tiempos difíciles. Luchando por mantener el control de uno de los últimos bastiones de su poder, hubo un marcado esfuerzo dentro de la Universidad por desacreditar y condenar al ostracismo a cualquier miembro del personal que no perteneciera a la Orden. Weishaupt era claramente una de esas personas, y su futuro en la Universidad parecía condenado. Los jesuitas aborrecían todo lo que se considerara liberal o incluso protestante, y quizá por eso Weishaupt se opuso con tanto vigor a los ideales de la institución. Se convirtió en un consumado predicador de los ideales de la Ilustración, promoviendo la razón, la libertad, el progreso y el gobierno constitucional como el futuro. Era una visión del mundo que dejaba poco espacio para la Iglesia Católica y sus enseñanzas. Era inevitable que Weishaupt se encontrara en problemas.

Sin embargo, era un hombre inteligente. Sabiendo que poco se podía hacer predicando al estilo de las tribunas, Weishaupt decidió que llevaría sus asuntos de una manera mucho más secreta. A medida que la idea de formar una sociedad secreta se hacía más y más atractiva con el paso de los días, el profesor comenzó a considerar miembros potenciales para su nuevo grupo, buscando personas compatibles que ya estuvieran en la Universidad de Ingolstadt y sus alrededores.

Una de sus primeras consideraciones fue recurrir a los francmasones. Cubriremos los vínculos entre los Francmasones y los Illuminati en mayor profundidad en los próximos capítulos, pero su estructura organizativa y su enfoque secreto parecían estar directamente en línea con el tipo de grupo que Weishaupt esperaba formar. Había, sin embargo, un problema importante. Ser miembro de los francmasones era un esfuerzo costoso. Se necesitaría una fortuna para operar tal grupo bajo su bandera. Weishaupt también pensó que podría haber oposición ideológica por parte de los ya arraigados francmasones. Él tenía sus propias ideas sobre el mundo, sus propias filosofías, y algunas de ellas podrían chocar directamente con la forma en que operaba la masonería. Weishaupt no tardó en darse cuenta de que no le quedaba más remedio que fundar su propia organización, impregnada desde el principio de sus ideales ilustrados.

· · ·

Esto no quiere decir que Weishaupt no pudiera extraer influencias de otras personas y otras sociedades.

En particular, se fijó en la forma en que la masonería estaba organizada según un sistema de grados, en el que los miembros aumentaban sus conocimientos y su participación cuanto más se acercaban a los escalones superiores de la orden. Esto le pareció a Weishaupt una forma muy hábil de organizar a los que le rodeaban, y sería perfecto para establecer un grupo clandestino dentro de los muros de la Universidad. Para permanecer oculto a los jesuitas y al resto de la sociedad, tomar prestada la estructura de los francmasones le permitiría dirigir los asuntos del grupo con una relativa confianza en su naturaleza oculta.

El primer nombre que Weishaupt consideró fue el Pacto de Perfectibilidad (Bund der Perfektibilisten, en el original alemán). Fue bajo este nombre que Weishaupt y cuatro estudiantes cuidadosamente seleccionados de la Universidad se reunieron por primera vez en 1776, el 1 de mayo. No sólo se reunieron bajo el nombre del Pacto de Perfectibilidad, sino que decidieron colectivamente que emplearían el búho de Minerva como signo.

Siendo una sociedad secreta, pronto se dieron cuenta de que los alias serían un complemento útil para su grupo, acordando nombres alternativos para todos los implicados. El propio Weishaupt pasó a ser conocido como Espartaco, mientras que otros adoptaron nombres como Áyax, Tiberio, Agatón y Erasmo Roterodamo (que también eran conocidos como Massenhausen, Merz, Bauhof y Sutor, respectivamente). El último miembro, Erasmus Roterodamus, sería expulsado más tarde del grupo, alegando Weishaupt "indolencia" como motivo.

Todos los estudiantes estudiaban Derecho, por lo que estaban en estrecho contacto con Weishaupt y ya lo conocían. Weishaupt creía que podía confiar en ellos y sabía que tenían ideas políticas similares.

Así que el Pacto de Perfectibilidad siguió reuniéndose durante casi dos años, hasta que se dio cuenta de que el nombre no era el ideal. Rápidamente se descubrió que el título era demasiado vago y extraño para funcionar como el nombre de un grupo potencialmente transformador del mundo. La siguiente decisión de Weishaupt tendría ramificaciones a lo largo de los siglos siguientes, transmitiéndonos un nombre que se ha hecho famoso no sólo por su asociación con Weishaupt y su batalla contra los jesuitas, sino que también se ha convertido en un sello distintivo de la cultura popular. Uno de los nombres que se barajó brevemente fue "la Orden de la Abeja", aunque pronto se rechazó. No sólo tenía que ser grandioso e intimidatorio, sino también reflejar la condición erudita del grupo. Y así, en 1778, en el mes de abril, el grupo se rebautizó oficialmente como la Orden de los Illuminati (Illuminatenorden en alemán).

Y así nacieron los Illuminati. Como veremos más adelante en este libro, a partir de entonces no todo fue coser y cantar.

Los esfuerzos de Weishaupt por popularizar y expandir su sociedad resultarían difíciles, con discusiones, encuentros y grupos rivales surgiendo junto a los Illuminati.

Sin embargo, podemos contar con estos hechos para la esencia misma de nuestro estudio sobre la historia de los Illuminati. Existen documentos y relatos de las reuniones del grupo que han llegado hasta nuestros días, lo que constituye una prueba documentada de que la Orden de los Illuminati no sólo existió, sino que también se estableció en una universidad alemana del siglo XVIII. Todos estos factores llegarán a ser importantes cuando abordemos cuestiones que aparecen más adelante en este libro, aunque por ahora es muy útil para disipar una serie de malinterpretaciones clave sobre el origen de los Illuminati.

En primer lugar, no se hace referencia a la Orden de los Illuminati en documentos, escritos, textos grabados o cualquier otro tipo de escritura antes de los acontecimientos de 1778. Como tal, es bastante fácil contrarrestar las afirmaciones de que los Illuminati son una antigua sociedad secreta que sólo salió a la superficie en el siglo XVIII. El hecho de que el grupo formado por Weishaupt operara, en un momento dado, bajo un nombre diferente, demuestra que el título de Illuminati no era un grupo antiguo, surgido de las profundidades de la historia. Fue una creación del profesor de derecho alemán, pero demostraría ser significativa.

Como veremos en capítulos posteriores, se ha intentado atribuir la existencia de los Illuminati a una serie de significantes iconográficos encontrados a través del arte antiguo, medieval y renacentista, aunque suelen carecer de fundamento.

El hecho de que dispongamos de relatos tan bien organizados y recopilados sobre la formación de la Orden de los Illuminati permite a cualquiera con un sistema de valores empírico y basado en pruebas señalar una coyuntura específica de la historia alemana como el punto de nacimiento de los Illuminati.

El segundo punto a rebatir es la sugerencia, menos común, de que los Illuminati son una invención estadounidense. Como ya hemos visto, el año de 1776 fue importante en la fundación de los Illuminati. El grupo tiene esto en común con los Estados Unidos de América, cuya historia celebra el 4 de julio de 1776 como el día en que el país se independizó oficialmente de Gran Bretaña. Muchos han señalado este ligero paralelismo como justificación suficiente para sugerir la connivencia entre Weishaupt y los antepasados estadounidenses. Sin embargo, esto es una especulación desenfrenada. No existen pruebas de comunicación alguna entre ninguno de los líderes americanos de la época y Weishaupt. Además, el nombre Illuminati no se creó hasta dos años después. Durante los años de formación de la organización de Weishaupt, es seguro decir que hombres como George Washington y Thomas Jefferson tenían preocupaciones más importantes que una pequeña sociedad secreta oculta entre los muros de una universidad jesuita.

Sin embargo, esto no quiere decir que no estuvieran interesados.

Es un hecho largamente documentado que los padres fundadores de Estados Unidos estaban muy interesados en los principios de la Ilustración europea. La influencia puede leerse en la Declaración de Independencia y en la Constitución. Muchos de los ideales que los padres fundadores intentaban imbuir en su naciente país eran compartidos por Weishaupt, el tipo de principios que deseaba difundir a través de la Universidad dominada por los jesuitas. Si los dos grupos (los padres fundadores y la Orden de los Illuminati) se hubieran sentado alrededor de una mesa, probablemente no habrían tardado mucho en descubrir un terreno ideológico común. Aunque es una posibilidad totalmente infundada y casi imposible que los hombres que ayudaron a fundar Estados Unidos también formarán los Illuminati, al menos podemos admitir que existen paralelismos entre ambos grupos. La diferencia clave, sin embargo, radica en el hecho de que la sociedad de Weishaupt optó por operar en las sombras, mientras que George Washington y otros fueron muy claros en su desafío.

Gracias a las pruebas que hemos reunido, podemos situar un punto de partida casi exacto sobre la historia de los Illuminati. Pero como veremos en el próximo capítulo, esta historia puede complicarse rápidamente.

Los Illuminati son una secta secreta de masones

Es imposible entender la historia de los Illuminati sin mencionar a los francmasones. Como una de las sociedades secretas más exitosas jamás concebidas, los Francmasones han entrado en la conciencia pública popular de una manera que pocas otras organizaciones han logrado. Tienen puestos de avanzada en todo el mundo, con estas llamadas Logias que se encuentran en América del Norte, Europa, Oriente Medio y muchos otros lugares. A menudo asociadas a la riqueza y a extraños rituales, se dice que su organización se basa en la acumulación de conocimientos ancestrales, ideas que luego se utilizan para aumentar la influencia y el poder en todo el mundo. Muchas sociedades secretas, ya sean reales o míticas, se han relacionado con los masones en un momento u otro. Del mismo modo, muchas teorías de la conspiración postulan que los masones son el poder detrás de la cortina, influyendo en los acontecimientos de todo el mundo. Los Illuminati no son una excepción. Pero, ¿son en realidad los Illuminati una secta secreta de los masones?

La respuesta no es sencilla, aunque hay indicios de que las dos organizaciones han estado muy entrelazadas en varios momentos de sus historias. Más que la mayoría, los Illuminati han quitado ideas, miembros y atención a los Francmasones, un intercambio que también ha ocurrido en la dirección opuesta. Mientras que la respuesta a muchas de estas preguntas de realidad y ficción con respecto a los Illuminati puede ser difícil de responder, hay pocas dudas de que existe un vínculo tangible entre los francmasones y los Illuminati tal como existían en el siglo XVIII. Para descubrir exactamente qué implicaba este vínculo, tendremos que ahondar una vez más en la historia de la orden bávara.

Tras fundar la Orden de los Illuminati, Weishaupt y sus compañeros se enfrentaron a un gran problema: cómo atraer a más gente al redil. Como la Universidad de Ingolstadt era una institución jesuita, el reclutamiento entre el alumnado era difícil y entre el profesorado aún más. Así que uno de los estudiantes se encargó de la mayor parte del trabajo de reclutamiento. Massenhausen (Ajax, como se le conocía) fue el más activo, sobre todo porque abandonó Ingolstadt poco después de la fundación del grupo. Fue a estudiar a Múnich, que resultó ser una rica fuente de recursos. Uno de los reclutas Illuminati más importantes fue un hombre llamado Xavier von Zwack, que ya había estudiado con Weishaupt. Von Zwack se estaba embarcando en una carrera en la administración, por lo que proporcionaría al grupo una visión del gobierno en la región, especialmente en la Lotería Nacional de Baviera, donde el nuevo recluta estaba ahora ejerciendo su oficio.

A pesar del éxito que Massenhausen tuvo en el reclutamiento de nuevos miembros de los Illuminati, este éxito se desvaneció rápidamente. Weishaupt empezó a ver el aumento de las filas de la Orden como una amenaza, y el estudiante parecía seleccionar a candidatos que más tarde se consideraron inadecuados. Esto se agravaría más tarde por un enfoque algo errático de las relaciones románticas, un problema que significaba que Weishaupt podía confiar poco en Massenhausen. Para remediar la situación, Weishaupt decidió que el puesto de avanzada de los Illuminati en Múnich debía quedar bajo un nuevo liderazgo. Confió en Von Zwack para dirigir lo que rápidamente se estaba convirtiendo en una importante rama de la Orden. El funcionario aceptó, pero pronto descubrió que la falta de fiabilidad de Massenhausen había sido mucho peor de lo que se pensaba. El hombre había estado malversando los fondos de las suscripciones pagadas por los miembros e incluso había estado leyendo las comunicaciones privadas entre Weishaupt y su antiguo alumno. En consecuencia, Massenhausen abandonó la Orden de los Illuminati en 1778. Tras graduarse en Ingolstadt, ocupó un puesto en otra región de Alemania y se resignó a no tener nada que ver con el grupo. Como en ese momento sólo había doce miembros, probablemente consideraba que se estaba perdiendo muy poco.

Tras este periodo, Von Zwack asumió el cargo de jefe de reclutamiento. Sus acciones tuvieron más éxito, sobre todo porque trató de incorporar a una serie de personas más influyentes y maduras.

De ellos, Weishaupt se alegró de ver entrar en la organización a un hombre llamado Hertel. Hertel había sido un amigo de la infancia y ahora era canónigo del órgano de gobierno, la Frauenkirche de Múnich. Hacia 1778, cuando el grupo cambió su nombre por el de Orden de los Illuminati, el número de miembros ascendía a unos veintisiete. Se les podía encontrar en distintas ciudades alemanas, como Ingolstadt, Múnich, Ravensberg, Freysingen y Eichstaedt.

Todas tenían nombres en clave, tomados de las ciudades de la antigua Grecia.

¿Pero cómo se relaciona esto con los masones? Cuando las filas de la Orden se engrosaron, Weishaupt decidió que organizaría a los miembros de acuerdo con las pautas masónicas. Por ejemplo, había tres grados de participación. Estos eran Novicio, Minerval, y el Minerval Iluminado. Eran más o menos equivalentes a la forma en que las logias masónicas organizaban la participación, en la que asignaban (y aún asignan) a los miembros a las categorías de Aprendiz, Oficial y Maestro Masón. Al igual que en los francmasones, ascender de rango aportaba una mayor comprensión de los conocimientos que poseía el grupo. Además, cada ascenso de rango iría acompañado de algo parecido a un ascenso social.

· · ·

Al alcanzar la etapa de Minerval Iluminado, el miembro recibía por fin los secretos técnicos de la organización, incluidos los apretones de manos secretos, los signos y las contraseñas que permitían la entrada en los círculos más íntimos. Se trataba de una estructura tomada casi al por mayor de la masonería.

La masonería es un fenómeno a menudo incomprendido.

Los orígenes del grupo se remontan al siglo XIV, y los propios francmasones presentan una versión (a menudo mitificada) de su historia en sus propios Antiguos Cargos, una colección de documentos históricos. Los francmasones tienen como símbolo un compás y una escuadra, un logotipo que puede verse adornando edificios de todo el mundo.

Camine por cualquier capital (especialmente en Europa o Estados Unidos) y acabará encontrándose con el símbolo, a menudo tallado en piedra sobre una puerta. Entre sus miembros se cuentan desde arquitectos locales hasta presidentes estadounidenses, por lo que los masones suelen estar bien representados en las altas esferas. Las historias que se oyen sobre los masones pueden ser engañosas. Al igual que los Illuminati, se encuentran en el centro de muchas falsedades y falsas atribuciones (aunque eso es tema para otro libro). Al igual que con los Illuminati, se sugiere la existencia de una orden secreta que mueve silenciosamente los hilos desde las sombras. Pero lo cierto es que, sean lo que sean los masones, en el mundo actual no son más que un club social.

Los masones y sus logias, a las que a menudo se unen hombres de negocios, personas influyentes y con movilidad ascendente, funcionan como lugar de encuentro para personas con ideas afines. Las organizaciones son clubes de contactos, algo así como las redes sociales de la era anterior a Internet. Se hacen presentaciones, se entablan relaciones.

A nivel local, las logias sirven para poner en contacto a personas compatibles en beneficio mutuo.

· · ·

Sin embargo, los francmasones son una organización con mucha historia, y esta historia puede impregnar las iteraciones modernas con una cualidad aparentemente arcaica.

Del mismo modo, en el momento en que los Illuminati estaban descubriendo la mejor manera de organizarse, los francmasones del siglo XVIII les proporcionaron una plantilla social. Como los francmasones eran una sociedad muy antigua, tenían una serie de rituales y ceremonias anteriores a la Iluminación que se habían transmitido a lo largo de los años. Muchos de estos rituales siguen celebrándose hoy en día, especialmente cuando un miembro pasa de un rango al siguiente. Al ascender de rango, un masón jura en primer lugar cumplir una serie de obligaciones para con su logia. A partir de ahí, puede jurar guardar los secretos de la masonería, tanto de los extraños como de los de rango inferior.

Se le proporcionará literatura y la oportunidad de echar un vistazo a una serie de objetos históricos privados que los masones han conservado. Pero lo más extraño de todo es el hecho de que algunos de los masones suelen incluir rituales más ocultos y extravagantes. Además del compás y la escuadra, también se incorporan a las ceremonias otros objetos como la paleta, el nivel y la regla de plomada, así como una supuesta lección moral. Estos rituales y ceremonias son ostensiblemente secretos, aunque algunos han sido revelados e incluso filmados. Para quien no conoce el significado alegórico de estas acciones, pueden parecer extrañas y casi ocultas. Pero lo cierto es que a menudo son inofensivas y -al menos en la era moderna- algo parecido al teatro. Cuando Weishaupt y sus seguidores empezaron a fijarse en los masones y sus rituales, la antigua sabiduría que se decía que estos rituales representaban ya había caído en el olvido. En cambio, sus acciones reflejaban a los masones de otras maneras.

Al igual que con los masones, los Illuminati empezaron a limitar sus estrategias de reclutamiento a personas que encajaban dentro de unos pocos grupos demográficos selectos.

Se esperaba que todos los hombres fueran cristianos (como era esencialmente habitual en la época), y personas como paganos o judíos estaban expresamente prohibidas.

Junto a estos requisitos religiosos, los Illuminati también prohibían la afiliación a monjes, mujeres y a quienes estuvieran involucrados con cualquier otra sociedad secreta. Idealmente, cada recluta encajaría en la misma descripción.

Es decir, que tuvieran entre 18 y 30 años, una buena posición económica, fueran dóciles y estuvieran dispuestos a ampliar sus conocimientos. Como la mayoría de los reclutas procedían de antiguos y actuales estudiantes universitarios, la afiliación a los Illuminati se hizo rápidamente siguiendo unas líneas muy definidas y algo privilegiadas.

Sin embargo, a medida que los Illuminati se expandían, Weishaupt se dio cuenta de que necesitaba controlar a sus crecientes filas. Esto se logró mediante un sistema de contraespionaje, en el que ciertos miembros espiaban a otros miembros. Weishaupt estaba en el centro, con muchas personas diferentes dándole información, a menudo sin darse cuenta de que ellos mismos estaban siendo grabados.

Aquellos que gozaban de mayor confianza eran acogidos en el círculo interno, un consejo gobernante que también era conocido como Areópago. Cuando a los novicios seleccionados se les daba permiso para salir a reclutar, se les otorgaba el título de Insinuantes.

Pero el reclutamiento se hizo difícil. La regla de la Orden que exigía a sus miembros no participar en otras sociedades secretas, en particular, resultó ser dura. En varias ocasiones, Weishaupt tuvo que intervenir para convencer a sus reclutas de que no se unieran a los masones, mucho más grandes e influyentes. Esto se convirtió en un problema tan grande que Weishaupt decidió unirse a los francmasones él mismo con el fin de reunir información para el mejoramiento de los Illuminati. Así que, en lugar de que los Illuminati surgieran de una secta de los francmasones, la historia temprana de la Orden de Weishaupt estuvo marcada por las dificultades que causaron los francmasones.

• • •

Weishaupt se movió rápidamente a través de los primeros rangos de los francmasones. Los tres grados de la Logia Azul (primeros pasos en el camino de la masonería) transcurrieron con muy poca información digna de mención. Para 1778, Von Zwack también estaba comenzando a investigar los secretos de los francmasones con la esperanza de beneficiar a los Illuminati. Entró en contacto con un hombre llamado Abbé Marotti, que afirmaba ser un sacerdote con un buen conocimiento de las altas esferas de la masonería.

Según Marotti, los conocimientos secretos de los masones estaban relacionados con las religiones antiguas y los primeros años de la Iglesia. Fue suficiente para convencer a Von Zwack de que había algo más en los francmasones que una simple cualidad estructural que se podía obtener.

Se puso en contacto con Weishaupt y le aconsejó que las dos sociedades secretas unieran sus fuerzas o, al menos, mantuvieran una relación amistosa. A finales de 1778, la falta de éxito de Weishaupt para ascender en los rangos, así como la información del sacerdote, llevaron a un cambio de actitud dentro de los Illuminati. Decidieron establecer una Lógica propia.

Tal era la estructura organizativa de los masones que crear una logia era casi como crear una franquicia. Weishaupt y sus compañeros Illuminati enviaron una orden a la Gran Logia situada en Prusia -la sede regional, por así decirlo- y, tras una pequeña serie de dificultades, finalmente se les permitió establecer su propia logia masónica. La llamaron Teodoro del Buen Consejo, un nombre elegido específicamente para halagar y atraer a Carlos Teodoro, el Elector de Baviera. La logia se fundó en 1779 y, en poco tiempo, sus miembros eran casi todos Illuminati.

En pocos meses, los Illuminati tenían el control total del puesto masónico. Su siguiente objetivo era asegurarse de que serían capaces de operar de forma independiente, libres de las instrucciones transmitidas por la Gran Logia. Para ello, Weishaupt y sus compañeros se pusieron en contacto con otras logias de Alemania. De este modo, establecieron relaciones que les permitieron operar fuera de la influencia de la Gran Logia y ser reconocidos por derecho propio.

. . .

Se valieron de una inteligente política interna y de maquinaciones para apartarse quirúrgicamente de la principal hueste masónica. Una vez declarada independiente -y reconocida esta independencia por otras Logias- se permitió al Teodoro del Buen Consejo (que, a estas alturas, no era más que otro nombre para los Illuminati) crear y dirigir Logias más pequeñas cuando les viniera en gana. Ahora se le permitía crear nuevas franquicias a su imagen y semejanza.

¿Por qué es esto importante y cómo vincula a los Illuminati con los francmasones? Debe decirse en esta etapa que los francmasones eran una preocupación mucho mayor, a nivel continental. Lo que estaba sucediendo en alguna remota región de Alemania era probablemente de poco interés para los hombres que dirigían a los masones. Pero lo que sí tenían los masones era una estructura y un cuerpo organizativo operativo. Esto les permitía reclutar y les proporcionaba alguna forma de existencia aceptable. Aunque muchos países habían ilegalizado las sociedades secretas, los masones tenían suficiente historia como para que la mayoría de la gente -al menos, aquellos que podían ser reclutados- conocieran al menos su existencia. Este tipo de autenticidad era algo de lo que Weishaupt y sus Illuminati carecían.

Habiendo visto a los Francmasones operar de esa manera, los Illuminati codiciaban la organización rival. El plan de Weishaupt era esencialmente parasitario.

Bajo el pretexto de unirse al club, los Illuminati se unieron al cuerpo anfitrión, se alimentaron de los beneficios estructurales y de reclutamiento de la organización, y utilizaron a los francmasones para hacerse más fuertes. Una vez que se sintieron con el poder suficiente, los Illuminati empezaron a separarse y a hacerse cada vez más independientes. Si bien puede haber habido diseños esotéricos sobre el conocimiento antiguo guardado dentro de los muros masónicos, era la funcionalidad, los recursos y la reputación lo que realmente les faltaba a los Illuminati. El grupo de Weishaupt ya tenía una ideología y un ethos. Lo que les faltaba era la capacidad de poner estas ideas en práctica. Al desviar sus necesidades de los francmasones, los Illuminati fueron capaces de maniobrar su propia sociedad hacia una posición más grande y poderosa.

. . .

Como tal, podría haber algo de verdad en la idea de que los Illuminati son una secta secreta de los masones. Ciertamente, en un momento crucial de la historia de la Orden de Weishaupt, los Illuminati estaban muy ligados a su propia Logia Masónica. Existieron y operaron dentro de los francmasones, utilizando la plataforma para su propio beneficio.

Pero si bien esto es cierto, es importante señalar que los masones a menudo eran poco conscientes de lo que estaba sucediendo. Vincular a los dos grupos sería deshonesto. En ese momento, los Illuminati eran como el mosquito sentado en el cuello del hombre dormido.

El hombre puede darse cuenta, agitar la mano en dirección a alguna irritación menor, y luego darse la vuelta y volver a dormirse. Una vez que el mosquito se ha saciado, simplemente se va volando. En ese momento, los Illuminati eran incomparables a los masones. Pero en ese momento, todo lo que necesitaban era un pequeño impulso para elevar su perfil y reclutar a hombres como Adolph Knigge. Como veremos en capítulos posteriores, reclutas masones como Knigge ayudarían a determinar el curso de los Illuminati en los años venideros. Este intercambio de reclutas y organizaciones estructurales sería el mayor regalo impartido a los Illuminati por los masones y sería su mayor punto de comparación. No sería, sin embargo, una relación a largo plazo.

3

Los Illuminati guardan un
antiguo secreto

COMO OCURRE con la mayoría de las teorías conspirativas, muchas de las historias que se cuentan sobre los Illuminati dependen de secretos. Si el viejo adagio es cierto, entonces el conocimiento es poder. Algunas personas van más allá, sugiriendo que las sociedades secretas más poderosas de la historia del mundo se han aferrado a alguna gran verdad oculta que les otorga una influencia excepcional. Se dice de los Caballeros Templarios, que supuestamente excavaron un tesoro enterrado en el Monte del Templo de Jerusalén durante las Cruzadas. Se ha dicho del Priorato de Sión, que supuestamente guardaba el secreto de la existencia de descendientes de Jesucristo, antes de que se demostrara que eran una patraña de poca monta exagerada. Y se ha dicho muchas veces de los masones, que supuestamente guardaban grandes secretos que sólo se daban a conocer a los miembros de más alto rango de la organización.

En el caso de los masones, esto se debe probablemente a la forma en que la sociedad vino al mundo. Basta con mirar el propio nombre de la sociedad para descubrir que "masones" no es sólo un título. Durante la Edad Media, cuando los primeros rumores de organización se agolpaban en las ciudades europeas, los albañiles eran personas importantes.

Equivalentes a los arquitectos actuales, custodiaban los conocimientos necesarios para construir los edificios más impresionantes. Estas doctrinas matemáticas indicaban a sus miembros cómo cortar la piedra correctamente y cómo construir un muro de carga. En una época en la que la sociedad era en gran medida analfabeta, estas ideas eran casi mágicas en su ejecución. Y como eran secretos comerciales, no se transmitían a cualquiera. Casi como un sindicato moderno, los masones se reunían y compartían las técnicas de su oficio. Para aprenderlas, primero había que ser aprendiz, luego oficial y, por último, maestro. Con el paso del tiempo y el aumento del número de miembros, estos secretos tradicionales adquirieron un carácter más alegórico. El compás y la escuadra, que siguen siendo el logotipo de los francmasones, ya no son sólo herramientas del oficio, sino que representan los ideales de conocimiento y lógica que los masones aprecian. Aunque en su día fueran un secreto celosamente guardado, sirvieron para formar la base de la Orden antes de adquirir un significado más místico en épocas posteriores.

¿Cómo afecta esto a los Illuminati? En el momento en que los dejamos, estaban empezando a infiltrarse en las filas de la masonería. Habiendo establecido su propia Logia independiente, estaban más cerca que nunca del conocimiento central poseído por los Francmasones. Pero aún así Weishaupt no estaba satisfecho. Habiéndose unido a los Francmasones y sin encontrar nada místico que pudiera ayudar a su propia sociedad secreta, comenzó a volver la mayor parte de su atención hacia los Illuminati. Además, los Illuminati tenían sus propios ideales que proteger. Fueron fundados en sus propias tradiciones e ideologías. Formados sobre los principios del Siglo de las Luces, la antigua inclinación de los francmasones por la arquitectura podría haber parecido mucho más práctica para un profesor de Derecho Cívico y Filosofía.

Aquí es donde entra en la historia Adolph Knigge. Habiendo sido uno de los reclutas que entraron en los Illuminati en 1780, había sido un masón con grandes ideas.

Habiéndose unido a la sociedad más antigua y acelerado a través de los rangos, se había llenado de ideas dramáticas e innovaciones que pensó que podrían ser implementadas.

Cuando alcanzó los rangos superiores de la masonería, su decepción fue palpable. Todos los planes de reforma y modernización que proponía eran rápidamente rechazados.

.   .   .

Fue entonces cuando conoció a Costanzo Marchese di Costanzo, ya miembro de los Illuminati y uno de los mejores reclutadores de la orden. Se dio cuenta de la decepción de Adolph Knigge con los masones y le contó un secreto: el tipo de planes que Knigge poseía ya se estaban poniendo en marcha en ciertos círculos secretos. Poco tiempo después, Knigge había sido reclutado por los Illuminati.

En lugar de las iniciaciones de los masones, que solían aludir a su pasado técnico, los materiales de entrada de los Illuminati eran decididamente más intelectuales. En aquella época, la idea misma de la literatura liberal estaba proscrita en Baviera (y, de hecho, en muchas otras regiones de Europa). Algunas de las ideas más progresistas nacidas de la Ilustración eran ilegales. En algunos países protestantes, estos materiales circulaban ampliamente. Ofrecían críticas a la Iglesia católica, así como otros escritos de la Ilustración sobre asuntos como la libertad y la oposición a la monarquía absoluta. Promovían la ciencia, el empirismo y el cuestionamiento del mundo circundante. Es fácil entender por qué tales materiales podrían considerarse perjudiciales para el Estado bávaro. Pero para cualquier persona interesada en unirse a los Illuminati, para aquellos hombres que habían demostrado estar abiertos a tales ideas, éstas eran las ideas místicas que se encontraban en el centro de los Illuminati y que los marcaban como un grupo peligroso y casi revolucionario. Knigge, junto con varios de sus amigos cercanos, parecía estar abierto a tales ideas.

Uno de los mejores campos de reclutamiento para los primeros miembros de los Illuminati fueron los hombres jóvenes y desilusionados que encontraban la sociedad demasiado tradicional y poco dispuesta a cambiar. Las sociedades secretas les ofrecían los medios potenciales para reunirse y discutir tales reformas. Antes de la era de Internet o el auge de los medios de comunicación, estas reuniones eran increíblemente valiosas. Para el Estado, eran increíblemente peligrosas. Para la mayoría de la gente, los francmasones eran la opción más obvia de sociedad secreta, casi el nombre omnipresente que se asociaba comúnmente con la idea misma de una sociedad secreta. Pero como hemos visto con Knigge, el tamaño de la organización era a menudo su perdición. Al haber tantos masones, era más difícil trazar un rumbo hacia aguas más revolucionarias. Para lograrlo, uno tendría que unirse a una sociedad fundada en los mismos principios que Knigge y hombres de mentalidad similar esperaban promover. Tendrían que unirse a los Illuminati.

Como tal, la literatura que Costanzo le proporcionó era el material de los Illuminati para pasar al grado Minerval.

Aunque los materiales resultaron desagradables a los tres compañeros de Knigge, éste descubrió exactamente lo que buscaba. Más que un antiguo secreto o el misticismo tradicional que mucha gente asocia con los Illuminati en la era moderna, el grupo se fundó en cambio sobre ideas progresistas y algo radicales. Eran ideas ilegales, filosofías peligrosas, pero a un hombre como Knigge le parecían el futuro.

Hay algo de cierto en la idea de que los Illuminati se basaban en un secreto, pero es falso describir ese secreto como antiguo. Por el contrario, los principios de la Ilustración que se discutían dentro de los muros clandestinos de los Illuminati estaban a la vanguardia de la filosofía contemporánea.

· · ·

El reclutamiento de Knigge fue importante por varias razones. Aunque no conozcamos los materiales exactos que leyó (sólo su naturaleza), demuestra el tipo de persona a la que los Illuminati parecían atraer. En muchos aspectos, era el recluta por excelencia de la orden de Weishaupt. Joven, erudito, rico, y con un deseo de discutir ideas muy importantes, Knigge casi se convertiría en el chico del cartel para la membresía Illuminati. Además de esto, sin embargo, fue importante por el efecto que Knigge tendría sobre la Orden en los años venideros. El propio Knigge se sintió un tanto halagado al ser recibido en los Illuminati. Las atenciones de la sociedad eran una especie de cumplido y una confirmación de las ideas que había desarrollado en privado. Apreciaba los principios en los que se basaban los Illuminati, a saber, la búsqueda de la educación de los pueblos del mundo y su protección frente al despotismo de la monarquía.

Sin embargo, además de estos ideales fundacionales, Weishaupt se reunió con Knigge y ambos discutieron otros temas.

. . .

Mientras Knigge hablaba de planes para reformar grupos como los masones, también convenció a Weishaupt de los beneficios de las llamadas "ciencias superiores", como la alquimia. Al final de sus discusiones, Weishaupt apoyó a Knigge, y rápidamente el nuevo recluta encontró que su posición dentro de la sociedad crecía exponencialmente.

Pero para llegar a los rangos más altos, Knigge tendría que demostrar su valía. Weishaupt le propuso el reto de reclutar nuevos miembros de calidad excepcional. Knigge aceptó, pero sólo a condición de que se le permitiera elegir de dónde procedían los reclutas. Cuando todo estuvo acordado, Knigge regresó, una vez más, a la masonería.

A estas alturas, estaba claro que los masones eran una fuente fértil de reclutas. Mientras que la Francmasonería podría haber poseído una vez un cuadro secreto de conocimiento, Knigge fue capaz de reclutar gente para los Illuminati revelándoles los materiales más actuales y progresistas de la época. Los Illuminati eran el futuro, el orden venidero de las cosas. Sin embargo, en aquella época había un problema.

. . .

En un esfuerzo por dar a los Illuminati cierto grado de credibilidad, Weishaupt había construido una elaborada historia de fondo para el grupo. Se decía que esta información estaba disponible para los miembros de más alto rango del grupo, aunque se ofrecían fragmentos a los nuevos reclutas potenciales.

Weishaupt esbozó esta historia a Knigge, hablándole de los "Serenísimos Superiores", una fuerza aparentemente cósmica a la que servían los Illuminati, junto con una historia ficticia de la Orden que se remontaba mucho antes de la fecha real de fundación. A Knigge, aunque en su mayor parte tuvo éxito en su reclutamiento, le costaba recordar las historias. Resultaba embarazoso que el nuevo representante de los Illuminati no pudiera recordar su supuesta historia.

Sin dejarse disuadir por la incapacidad de Knigge para transmitir el pasado inventado de los Illuminati, Weishaupt consideró que el reclutamiento que había llevado a cabo había tenido un gran éxito; tanto que encargó a Knigge la creación y ejecución de una de las primeras acciones reales de la Orden: la distribución de un panfleto que detallaba la existencia y práctica continuada de los jesuitas. El panfleto mostraba al lector cómo los jesuitas, supuestamente proscritos, seguían de hecho predicando y ejerciendo en Baviera.

Fue la primera vez que los Illuminati traspasaron fronteras y tuvieron un impacto en el mundo fuera de sus discusiones internas. Knigge estaba satisfecho con el trabajo de distribuir el panfleto, pero escribió a Weishaupt en 1781 admitiendo su propia preocupación por no poder responder convincentemente a las preguntas sobre las historias más místicas de los Illuminati.

Cuando Weishaupt empezó a darse cuenta de que podría perder a Knigge y todo el buen trabajo que el hombre estaba haciendo, admitió haber creado toda la historia. Los "Serenísimos Superiores" eran una invención, la antigüedad de los Illuminati era una construcción, y muchas de las historias de orden superior de la sociedad ni siquiera habían sido escritas.

Esto, más que cualquier otra cosa, puede resaltar la falta de un antiguo secreto que estaba siendo guardado por los Illuminati. Sin duda, en el grupo existía la conciencia de que tales inventos podían resultar útiles, tal vez de forma similar a como los masones utilizaban su historia: una lección alegórica. Sin embargo, no encajaba bien con la literatura supuestamente radical de la que disfrutaban los propios Illuminati. Aunque cabría esperar que Knigge se escandalizara y horrorizara ante tales mentiras, parecía todo lo contrario.

De hecho, Weishaupt y Knigge discutieron el asunto con calma. Incluso con la revelación de que no estaría aprendiendo alguna verdad oculta secreta perteneciente a los masones o algo por el estilo, se le prometió a Knigge que sería acercado al poder central de los Illuminati. Junto a Weishaupt, podría leer las notas originales y ayudar a elaborar algunas de las ideas que se transmitirían a los miembros de mayor confianza. Knigge vio esto como una oportunidad para difundir algunas de sus propias filosofías e ideas.

Según él, estas nuevas ideas harían de los Illuminati una perspectiva aún más atractiva para los jóvenes alemanes con ideas afines. Knigge recibió 50 florines del consejo de los Illuminati (el Areópago) y fue enviado en lo que parecía una misión diplomática.

. . .

A estas alturas de la historia de los Illuminati, estaba claro para mucha gente que no había ningún gran secreto escondido en las arcas de los Illuminati. Como hemos rastreado su existencia desde sus inicios, podemos ser claros al respecto. Pero para aquellos que llegaron tarde a la fiesta - como Adolph Knigge - el asunto no estaba tan grabado en piedra. Mientras otras organizaciones, como los francmasones, se burlaban de los posibles reclutas con la posibilidad de que existiera algún antiguo secreto oculto que sólo aprenderían cuando alcanzaran los niveles superiores, los Illuminati parecían estar seguros de que ellos también debían tener ese potencial. Pero, como hemos visto en el escrito de Knigge, toda la historia de los Illuminati en esta etapa era una construcción mal hecha. Era una que Weishaupt o su Areópago ni siquiera se habían molestado en terminar. Aunque en la era moderna se sugiere que los Illuminati se fundaron sobre algún principio antiguo, la verdad es mucho más interesante. La orden surgió puramente para propagar y promover ideas muy nuevas. Como veremos en los próximos capítulos, tales ideas formarían la espina dorsal de muchas de las acusaciones más tarde lanzadas contra los Illuminati.

. . .

Pero de una manera mucho más inmediata, causarían una gran cantidad de luchas internas. Aunque no hay ningún secreto histórico celosamente guardado detrás de los Illuminati, pronto aprenderemos cómo lucharon por formular su propio futuro. Antes de lanzarse a la conquista del mundo, ayuda tener los asuntos propios en orden.

4

Los Illuminati controlan el mundo

RECORRIENDO la historia de los Illuminati, ha llegado el momento de enfrentarse a uno de los mitos más duraderos que circulan en torno a la Orden. Si bien en los capítulos anteriores hemos visto que algunas de las acusaciones vertidas contra los Illuminati tienen fundamento y que, al menos, merece la pena discutirlas, la idea de que los Illuminati controlan el mundo es una sugerencia muy moderna.

Como veremos en este capítulo, al principio lucharon por controlar a sus propios miembros. Llenos de conflictos internos, divisiones ideológicas y desacuerdos sobre las futuras acciones de la Orden, es importante ver a los Illuminati como una construcción muy humana. Al igual que cualquier otra construcción humana, aquellos que la componen son muy propensos a los fallos humanos.

Más que una entidad única y dirigida que mueve los hilos desde la sombra, este capítulo revelará exactamente lo divididos y difíciles que les resultaba a los miembros de los Illuminati poner en práctica sus ideas.

En 1780, pocos años después de la fundación original de los Illuminati, Weishaupt se encontró en una situación difícil.

Aunque la orden estaba todavía en sus primeras etapas, el número de miembros había crecido mucho. Para ser una sociedad secreta, habían logrado difundir su presencia y estaban empezando a generar cierta reputación, al menos en ciertas regiones de Baviera. Sin embargo, había divisiones dentro de los Illuminati. Como fundador, Weishaupt podría haber esperado una autonomía total sobre el grupo.

. . .

Pero el Areópago no estaba de acuerdo. Los miembros del consejo parecían considerar a Weishaupt una especie de dictador; su enfoque era incoherente y marcado por la terquedad. Una de las únicas veces que había ofrecido ceder terreno -cuando Knigge parecía que iba a marcharse- resultó ser la solución aparente. Knigge se convirtió en una especie de intermediario y pacificador, hablando tanto con el Areópago como con Weishaupt.

Knigge se dio cuenta rápidamente de que había muchos problemas dentro de los Illuminati.

Si querían avanzar como organización, Knigge tendría que hacer frente a esas dificultades. La primera de ellas radicaba en la política de reclutamiento. Debería ser bastante obvio que el éxito de una sociedad secreta vive o muere en sus tácticas de reclutamiento. Si se intenta reclutar a demasiada gente, las autoridades no tardarán en darse cuenta. Si se recluta a muy pocos, se corre el riesgo de que el grupo no crezca. Si reclutas a los miembros equivocados, la sociedad será incapaz de alcanzar su objetivo original. Se trata de un difícil juego de equilibrios, por eso los reclutadores con éxito, como Knigge, eran tan apreciados, y los fracasados, como Massenhausen, abandonaban rápidamente la orden.

Por su parte, Weishaupt había hecho hincapié en el reclutamiento de estudiantes universitarios. Esto es quizás comprensible para un profesor de una institución jesuita que veía a sus alumnos como mentes potenciales que podía salvar regularmente. Pero el efecto resultante de esta estrategia significó que muchos de los puestos más altos dentro de los Illuminati se llenaron rápidamente con jóvenes brillantes, enérgicos y entusiastas que carecían críticamente de cualquier experiencia administrativa. En lugar de estos jóvenes reclutas, el Areópago pensó que sería mejor reclutar hombres mayores y con más experiencia, probablemente de la masonería. Pero ahí radicaba un segundo problema. En opinión de Knigge, a los masones de más edad y experiencia probablemente les molestaría la postura antirreligiosa de los Illuminati (en concreto, antijesuitas).

Lo que había empezado como una especie de desconfianza hacia los jesuitas se había convertido en un sentimiento antirreligioso generalizado en muchas áreas de los Illuminati.

Era un problema particular de Baviera. En esta parte de Europa, los católicos seguían teniendo el control. En otros lugares, la Reforma había trastornado la forma de practicar la religión. Aunque técnicamente seguían siendo cristianos, el cisma entre catolicismo y protestantismo era enorme.

Muchas personas murieron a causa de sus creencias. Se libraron guerras. Para los antirreligiosos en medio de la Baviera controlada por los católicos, tal oposición podría parecer justificable, al menos según Knigge. Pero, ¿a quiénes esperaba reclutar el Areópago? ¿Los hombres mayores e influyentes? Esta postura podría desanimarlos. Si los Illuminati esperaban extenderse más allá de Baviera, entonces esta aversión religiosa tendría que ser atenuada. Tanto Weishaupt como el Areópago reconocieron los problemas, pero ambos se encontraron sin otra solución que depositar su confianza en Knigge para encontrar una solución. Gracias a los contactos de este hombre, podía hacer incursiones en el reclutamiento de masones, sin estar manchado por ninguna asociación obvia con puntos de vista antirreligiosos.

También poseía la habilidad ritualista que se requería para refinar la estructura de grados de los Illuminati.

Seguían interesados en utilizar el enfoque de los francmasones, pero sus esfuerzos por redactar y construir un sistema progresivo de ascenso dentro de la orden (que incluyera rituales para pasar de grado, etc.) se habían estancado.

Knigge recibió el encargo de redactar y aplicar estos rituales, así como de salir al mundo exterior para dirigir el reclutamiento. Había un par de condiciones: debía someter sus ideas rituales a aprobación y tendría que debatir muchas de sus opciones antes de introducir cambios en los grados más altos. Pero más allá de eso, tenía autonomía para trabajar en nombre de los Illuminati como mejor le pareciera.

· · ·

Marchese di Costanzo recibió el encargo de escribir al Royal York (uno de los centros administrativos de las logias de la zona) y mencionar amablemente que había cierta discrepancia entre las cuotas que ofrecía a la Gran Logia la logia Theodore de los Illuminati y los servicios y beneficios que recibían a cambio. En ese momento, la Logia Theodore se había convertido en una empresa rentable para la Royal York, que se dio cuenta del gran aumento de las cuotas de suscripción que había supuesto la empresa tapadera de los Illuminati. Como no querían perder ese dinero, los Royal York propusieron una solución. A cambio de las continuas suscripciones, la logia Theodore recibiría más acceso a los grandes secretos de los masones. Si los Illuminati enviaban un representante a Berlín, éste podría conocer estos secretos en persona.

El propio Costanzo fue de nuevo elegido por Knigge para realizar el viaje. Partió en abril de 1780, con la esperanza de llegar a Prusia en poco tiempo. Una vez allí, se le daría la instrucción secreta de que debía encontrar alguna forma de rebajar la cantidad que los Illuminati pagaban a los francmasones. Pero Costanzo se retrasó en el camino, ya que se había enzarzado en una acalorada discusión con un francés que había encontrado en su carruaje. Ambos habían discutido por una dama que viajaba con ellos, hasta el punto de que el francés se tomó la molestia de enviar un mensaje al destino del carruaje, Berlín. En él advertía al rey de que Costanzo era en realidad un espía. El mensaje fue suficiente para que Costanzo fuera inmediatamente encerrado al entrar en Berlín. Sólo fue liberado cuando intervino personalmente el Gran Maestre de la Francmasonería de York.

Pero éste no pudo hacer nada para evitar el destierro de Costanzo, y el hombre de los Illuminati fue devuelto al Areópago sin haber conseguido nada en absoluto. Era sólo una de las dificultades con las que tendría que lidiar Knigge.

Uno de los principales problemas a los que se enfrentó Knigge fue el intento del Areópago de incorporar a los Illuminati a la masonería legítima como rama oficial de la organización. Los Illuminati ya controlaban la logia Theodore, aunque se encontraban faltos de poder local gracias a una logia cercana que tiraba de rango.

El complicado sistema de autonomía masónica significaba que, aunque los Illuminati tenían mucho control sobre su propia logia, se veían obligados a someterse a los maestros electos cercanos. Se habían hecho esfuerzos para infiltrarse de forma similar en este grupo, pero sólo un miembro de los Illuminati lo había conseguido. Esto significaba que -por el momento- no había forma de transformar la Logia Teodoro en una combinación oficial de los Illuminati y los francmasones. A finales de enero de 1781, Knigge había conseguido convencer a los miembros de los Maestros Electos para que aumentaran el poder de la Logia Theodore, hasta el punto de que los Illuminati pudieran crear Logias más pequeñas a su imagen y semejanza. Pero la verdadera independencia no estaba en modo alguno a punto de ser discutida. No importaban las gigantescas conspiraciones mundiales; los Illuminati luchaban por controlar las sociedades secretas de una pequeña región de Baviera.

Que la organización se perdiera tan rápidamente y se encontrara en una encrucijada puede ser una buena demostración de lo difícil que puede ser apoderarse totalmente del mundo. Si hemos de creer las teorías de la conspiración, la red global de los Illuminati ha estado durante mucho tiempo moviendo los hilos detrás de cada acontecimiento importante durante los últimos dos siglos. Pero en esta etapa de su existencia, apenas a cinco años de ser un pensamiento en la mente de Weishaupt, los Illuminati se encontraron presa de luchas y disputas internas.

Esto es importante ya que revela la naturaleza misma de la organización y por qué la idea de un poder prolongado, oculto y efectivo es inherentemente defectuosa. En su seno -ya fuera Weishaupt, Knigge o el Areópago- no había acuerdo. Las opiniones tiraban en todas direcciones. Esta cualidad tan humana -entretener las propias opiniones- significa que un poder sostenido del tipo descrito en las teorías de la conspiración es increíblemente improbable.

Como veremos en los próximos capítulos, conseguir mantener el control y la dirección de los Illuminati en pocos años puede ser casi imposible. Entonces, ¿cómo se dispuso Knigge a manejar esta amenaza existencial para los Illuminati?

Knigge no tardó en darse cuenta de que, si quería conseguir un trato mejor de los masones, tendría que recurrir a un poder superior. Sin embargo, esto siempre iba a ser difícil. Knigge era consciente de que cualquier comunicación o petición a las logias de Londres y otros países lejanos siempre habría sido demasiado obvia. Cualquier intento de ganar autonomía en la forma de una constitución se convertiría rápidamente en obvio que los Illuminati estaban trabajando hacia su propia independencia. Lejos de controlar el mundo, poco podían hacer los Illuminati para controlar las logias masónicas locales. Hasta que esto fuera posible, tendrían que frenar sus planes de expansión.

Mientras se ralentizaban los planes de expansión, Knigge dirigió su atención hacia el interior. Tras enfriar la acalorada relación entre Weishaupt y el Areópago, comenzó a centrarse en los demás aspectos de sus tareas. Esto incluía revisar la estructura de los Illuminati. Tal como estaban, controlaban tres logias masónicas, y Knigge decidió que seguir la estructura de los masones seguía siendo la mejor opción. En 1782, el 20 de enero, propuso su nuevo sistema de grados. Una vez aprobado, los Illuminati se estructurarían en tres clases distintas. Estas eran:

. . .

Clase I - La **Nodriza.** Esta sería la primera orden en la que entraría la gente y contendría el Noviciado, el Minerval y el Illuminatus Minor.

Clase II - Los **grados** masónicos. Éstas se tomaron prestadas al por mayor de los masones, aunque allí se denominaban Aprendiz, Compañero y Maestro. Después de éstos, los miembros podían avanzar a un segundo nivel dentro de la Clase II, que incluía al Novicio Escocés y al Rey Escocés. Es evidente que la Clase II recibió influencias directas de los masones.

Clase III - Los misterios. El escalón superior de la membresía Illuminati, estos fueron separados en los misterios menores, orden que fueron titulados Sacerdote y Príncipe, y los misterios mayores, que fueron titulados Mago y Rey.

Tan difícil era entrar en estas posiciones más altas que era poco probable que los rituales o ceremonias para estos niveles fueran escritos.

Tras establecer una nueva estructura para el grupo, Knigge comenzó a reformar los Illuminati según sus propios puntos de vista. Desilusionado con los francmasones por no adherirse a sus propios ideales, tuvo la oportunidad de reformar a los Illuminati pocos años después de su creación. Lejos de ser una orden global, seguían siendo un asunto local. Knigge, sin embargo, esperaba cambiar eso. Como siempre, la solución estaba en el reclutamiento.

Mientras que el reclutamiento de los Illuminati había sido hasta ese momento una especie de sistema experimental, Knigge decidió adoptar un enfoque mucho más deliberado.

Esta vez, consciente de las dificultades a las que se enfrentaba en los niveles superiores de la masonería, decidió que se dirigiría a hombres que ya ocupaban posiciones de poder. Mientras que Weishaupt había favorecido a estudiantes impresionables que podría moldear a su imagen, Knigge quería hombres de poder e influencia, especialmente aquellos que ya eran guardianes o maestros dentro de las logias existentes. Una vez que tales personas fueran reclutadas, pondría toda la capacidad administrativa de la Logia bajo el control de los Illuminati.

. . .

El Barón de Witte, que era maestro de la Logia Constancia en Aquisgrán, fue uno de esos reclutas. Después de que Knigge lo trajera al redil, logró convertir a todos los masones de su logia en miembros de los Illuminati. Este cambio de estrategia trajo consigo una rápida expansión, mucho más rápida y de mayor calidad que en los años anteriores. Al cabo de poco tiempo, parecía que Knigge y sus tácticas estaban funcionando. En la primavera de 1782, los Illuminati se habían afianzado en las logias austriacas, con un total de unos 300 miembros. A diferencia de los reclutas originales, sólo una veintena de la nueva oleada eran realmente estudiantes.

Por aquel entonces, Weishaupt se dio cuenta de que no todos los miembros de la Logia Teodoro estaban totalmente de acuerdo con la presencia de los Illuminati. Aquellos que habían sido masones antes de la llegada de los Illuminati o que se habían unido a ellos bajo la apariencia de la masonería empezaban a quejarse. Weishaupt, fiel a sus principios de desprecio al despotismo, ofreció un trato a la Logia. Dividiría voluntariamente la Logia en dos y permitiría a los que no querían tener nada que ver con los Illuminati seguir su propio camino. Inesperadamente, pocos aceptaron la oferta y, en poco tiempo, la Logia Teodoro quedó totalmente bajo el control de Weishaupt y los Illuminati.

Ahora que contaban con el pleno respaldo de su Logia, una influencia creciente y un mayor número de miembros, los Illuminati se sintieron justificados para intentar ejercer su poder. La Orden escribió a la Royal York e informó a las autoridades francmasonas de que la Logia Theodore tenía la intención de "romper relaciones" con la sede central. Para justificar sus acciones, los Illuminati enumeraron el pago constante y obediente de sus cuotas, por el que no habían recibido una mayor comprensión del mundo masónico, por el que su propio miembro (Costanzo) había sido maltratado, y una incapacidad general por parte de la Royal York para proporcionar apoyo. La logia Theodore, declararon, debía considerarse ahora totalmente independiente y autónoma.

En ese momento, los propios francmasones se enfrentaban a una gran confusión interna. Habiendo existido por mucho más tiempo que los Illuminati, ellos mismos habían sucumbido a muchos de los mismos problemas. Cismas y desacuerdos internos habían llevado al establecimiento de muchas ramas e interpretaciones diferentes de la Francmasonería. Al igual que los Illuminati, los francmasones se encontraban en disputas y eran incapaces de avanzar. A diferencia de los Illuminati, esto se complicaba por el hecho de que los francmasones eran una organización internacional. El príncipe Carlos de Södermanland, por ejemplo, era ostensiblemente el líder del Rito de Estricta Observancia.

Pero había sido acusado de intentar unir el rito al rito sueco, para disgusto de muchos miembros. Las logias alemanas empezaron a mirar hacia otro lado y confiaron en el duque Fernando (que estaba al mando de Brunswick-Wolfenbüttel) para que les orientará.

El duque Ferdinand no estaba de acuerdo con el príncipe Carl, mientras que muchos de los francmasones no estaban de acuerdo con todos los demás. En un segundo plano, los Illuminati se alegraron de que la atención se desviara a otra parte. Les daba la oportunidad de solidificar su base de poder. Mientras los francmasones comenzaban a concentrarse en lo que se convertiría en el Convento de Wilhelmsbad, los Illuminati, dirigidos por Knigge y Weishaupt, supervisaban éxitos cada vez mayores.

Pero ahí radica el problema de sugerir que los Illuminati eran de algún modo una preocupación global, o que su influencia actual depende de un dominio del pensamiento político del siglo XVIII. Por el contrario, la organización sólo fue capaz de controlar una pequeña región en Alemania y sus alrededores. En lugar de influir en toda Europa, su ascenso estuvo marcado por los mismos problemas que afectaron a los francmasones. Discusiones, desacuerdos y la naturaleza humana. Como veremos en el próximo capítulo, tendrían que dejarlos de lado si querían aprovechar una oportunidad increíble.

5

Los Illuminati tuvieron suerte

No todas las historias sobre los Illuminati los sitúan como una sociedad clandestina detrás de cada acontecimiento importante de los últimos tres siglos. En algunas versiones de su historia, se les ha descrito simplemente como afortunados. Se encontraron por casualidad en un momento oportuno, o eso dice la historia. Para ser justos e imparciales, debemos esforzarnos por ver todas las caras de un mismo argumento. Si nos apresuramos a refutar que los Illuminati fueran una de las organizaciones más poderosas del mundo en secreto, con la misma facilidad deberíamos ser capaces de demostrar que seguía siendo una sociedad construida por hombres inteligentes con ideas muy firmes sobre cómo podían cambiar el mundo. Entonces, ¿fueron los Illuminati simplemente afortunados, o fueron capaces de hacer algunos movimientos muy inteligentes hacia la reorganización del mundo a su propia imagen? Como siempre, la verdad se encuentra en algún lugar entre las dos posiciones.

Es cierto que los Illuminati se beneficiaron de la oportunidad. En un momento crítico de su historia, cuando esperaban expandirse y reclutar a un mayor número de personas influyentes, sus principales rivales estaban atravesando una especie de crisis. Tal y como estaban las cosas, las divisiones y discusiones que habían surgido dentro de los masones significaban que a los Illuminati se les presentaba una excelente oportunidad para aprovecharse del caos en su propio beneficio. En términos de proporcionar a los Illuminati una oportunidad, pocos momentos parecían tan oportunos como el Convento de Wilhelmsbad. La misma Logia a la que Weishaupt se había unido unos años antes parecía estar desgarrándose. Los cismas que surgieron dentro del Rito de la Estricta Observancia amenazaban con destruir la masonería en Baviera y más allá. Pero, ¿sobre qué discutían exactamente?

. . .

El asunto fue algo complicado, pero llegó a un punto crítico a principios de la década de 1780. Originalmente previsto para finales de 1781, el convento de Wilhelmsbad se reorganizó para julio de 1782. Resultaría ser la última reunión de la Estricta Observancia tal y como la gente la conocía.

Organizado en la ciudad balneario de Wilhelmsbad, el Convento se organizó para determinar el futuro de la Estricta Observancia, y por tanto el futuro de la Logia Masónica más grande e influyente de la región. En términos sencillos, había dos bandos en liza.

Por un lado estaban los partidarios del enfoque alemán de la masonería, que hacía hincapié en los elementos germánicos y místicos de los masones.

Este grupo estaba liderado por el duque Fernando y el príncipe Carlos. En el otro bando estaban los martinistas, una rama del misticismo esotérico cristiano que se centraba en la caída en desgracia de la humanidad y en cómo la especie podía reintegrarse en este conocimiento divino.

· · ·

Ambos bandos afirmaban tener dominio sobre las logias masónicas de la región, y sus principales desacuerdos se referían a los elementos ritualistas de los masones. Ambos bandos discrepaban sobre cómo debían organizarse las ceremonias y rituales, cómo debían llevarse a cabo y cuál tenía razón. Los martinistas estaban liderados por Jean-Baptiste Willermoz. Ambos bandos discrepaban sobre el camino que debía seguir la Estricta Observancia.

Pero también hay que señalar que había ciertas voces en la reunión que no estaban de acuerdo con ninguno de los dos bandos. Johann Joachim Christoph Bode era uno de esos masones de alto rango, que parecía horrorizado ante la perspectiva de los martinistas y manifestaba abiertamente su desacuerdo con los aspectos místicos de los grados superiores de la masonería. El verdadero problema para Bode era que no tenía una solución alternativa que promover.

También se opuso a ambos bandos principales Franz Dietrich von Ditfurth, el Maestro de una Logia en

Wetzlar llamada Logia José de los Tres Cascos. Ditfurth era también juez, un miembro respetado e influyente de su comunidad local. También era miembro de los Illuminati. Actuando como representante de la Orden, hizo oír su voz en público, pidiendo que se volviera a lo básico. Según él, la masonería debería volver a los tres grados básicos de novicio, oficial y maestro. Todos los elementos místicos distraían del trabajo de los masones. A pesar del respeto que muchos sentían por Ditfurth, el gran número de miembros de los otros bandos hacía que su propuesta fuera la menos probable de ser aceptada. Tal y como estaban las cosas, los dos bandos místicos de la discusión tenían sus propios planes para reformar los grados superiores de la masonería, pero ninguno podía afirmar honestamente que fueran claros y estuvieran bien pensados. Todos sabían que querían un cambio, pero tenían muy poca idea de cuál debía ser ese cambio.

Esto era ideal para los Illuminati. La suerte quiso que las divisiones entre los masones se abrieran ante ellos y permitieran a la Orden llenar el vacío, presentándose como una alternativa creíble. Ditfurth era el principal representante en las reuniones, aunque contaba con la hábil ayuda de Knigge, que trabajaba entre bastidores.

Knigge había recibido de los líderes Illuminati total autonomía para actuar en su nombre, y había ideado un plan. La primera opción que sugirió fue intentar negociar una alianza entre todas las partes, con los Illuminati actuando como pacificadores.

Se pensó que esto aumentaría la confianza en Knigge, Weishaupt y el resto de los Illuminati y les proporcionaría una mayor plataforma de poder. Sin embargo, Weishaupt se apresuró a desechar esta teoría, viendo poca rentabilidad en aliarse con lo que él veía como una institución moribunda.

Viendo a los Illuminati como el futuro, él y Knigge desarrollaron un plan mediante el cual avivarían las divisiones entre los masones y luego reclutarían a los miembros que más les gustaran, siendo como parecían el único partido creíble.

Esto permitiría a los Illuminati convertir las divisiones de los masones en su propio beneficio, engrosando sus filas con los mejores y más brillantes, al tiempo que se aseguraban una influyente y poderosa cosecha de nuevos reclutas para llevar a cabo las políticas Illuminati.

El plan fue puesto en marcha por Ditfurth, actuando en nombre de los demás. Mientras Willermoz exponía ideas para los martinistas y el príncipe Carlos intentaba explicar las propuestas de los místicos alemanes, Ditfurth hacía gestiones para bloquear sus acciones. Ditfurth argumentó que las propuestas no podían llevarse a cabo sin que todos los delegados conocieran todos los detalles de las ceremonias y rituales. Si no, ¿cómo podrían votar justamente sin saber lo que votaban?

Tal como estaban las cosas, tanto los místicos alemanes como los martinistas querían instituir nuevos rituales, imbuidos de lo que consideraban conocimientos ancestrales.

Pero estos rituales sólo debían aprenderse una vez que un miembro alcanzará un rango lo suficientemente alto. Los delegados presentes no tenían ese rango y, por tanto, no se les podía permitir ver ninguna de las propuestas de grados superiores. La frustración de ambas partes era evidente, pero Ditfurth había convencido fácilmente a los delegados, impulsado por las maniobras de Knigge.

Tal era el enfado de los místicos alemanes que mostraron los primeros signos de estar dispuestos a transigir. Los Illuminati -a través de Ditfurth- habían elaborado finalmente una solución alternativa. Todos los grados superiores serían simplemente desechados. Se abandonaría lo que se había convertido en una compleja mezcla de ritos y ceremonias, y el nivel más alto sería simplemente un cuarto nivel, que no prometía revelaciones de antiguos conocimientos ni fuentes de poder místico. Los místicos alemanes pudieron ver que esto distaba mucho de lo que se proponía y pudieron identificar a los Illuminati como una amenaza cada vez más creíble. Propusieron al Conde Kollowrat de sus filas para unirse a la nueva Orden, plantando a alguien en las filas Illuminati que pudiera ser capaz de alimentar una alianza en los tiempos venideros.

. . .

Pero a pesar de los esfuerzos de Ditfurth por promover a los Illuminati como una alternativa creíble, sus propuestas cayeron en saco roto. En el Pacto de Wilhelmsbad había una clara intención de aclarar el embrollo en que se habían convertido los rangos superiores de la masonería, pero la solución de los Illuminati fue demasiado lejos. Aunque era simple y fácil de entender, muchos consideraron que el misticismo esotérico era una parte esencial de los rituales de los francmasones y no podía abandonarse tan fácilmente.

Ditfurth no tardó en darse cuenta de que no había convencido a mucha gente. Abandonó el lugar antes de lo previsto y envió una nota al Areópago informándoles de su fracaso. Nada bueno, escribió, podía esperarse de la reunión.

Aunque a primera vista parecía que los illuminati habían fracasado, las verdaderas consecuencias de los sucesos de Wilhelmsbad estaban aún por comprender. El Convento había sido concebido para reparar los cismas que habían aparecido en la masonería en ese momento. Pero, con todos tan deseosos de dejar a todos satisfechos, la reunión había tenido en cambio el efecto contrario. Nadie consiguió lo que quería. Se introdujeron pequeños cambios administrativos en los grados superiores de la membresía, aunque en realidad poco cambió. Los que habían estado al mando al principio de la asamblea siguieron en el poder, lo que significa que todas las maniobras y confabulaciones políticas seguían siendo evidentes.

En el seno de la masonería bávara se mantuvo la misma lucha por el poder, con todas y cada una de las logias cada vez más convencidas de su propia independencia y superioridad. Es probable que se diera cuenta de ello, ya que al final de la asamblea hubo un esfuerzo concertado para intentar que pareciera que se habían hecho cambios. Se hizo mucho ruido con respecto a la numeración de las logias, los cambios en la etiqueta y los títulos aplicados a ciertos cargos. A pesar de que estos cambios podían considerarse productos del Convento, en realidad apenas cambiaron las cosas y no contribuyeron a reparar el daño que se había hecho evidente al principio de las reuniones.

Así que, aunque Ditfurth creía haber perdido, él y los Illuminati se beneficiaron del hecho de que nadie más ganará. Se avanzó tan poco que los Illuminati pudieron quedarse mirando cómo la Estricta Observancia no hacía nada para salvarse del inevitable colapso. La Estricta Observancia cometió una serie de errores clave. Denunciaron y renegaron de su propio mito de origen, además de reorganizar los grados superiores. Este último cambio significó que sus miembros de mayor rango antes de las alteraciones ahora ya no estaban vinculados a la Estricta Observancia.

Aunque el grupo se había definido por (y se había beneficiado en gran medida de) el estricto control que les dio su título, ahora esto parecía abandonado, y el proceso de devolución de poder socavaba la autoridad central del grupo.

Muchas de las adiciones a las normas y rituales bastaron para horrorizar a ciertos miembros, y personas como Bode se sintieron horrorizadas por la incorporación de principios martinistas. Casi de inmediato, Bode entabló conversaciones con Knigge y en enero de 1783 ya era miembro de pleno derecho de los Illuminati. Apenas un mes después, Carlos de Hesse había sido reclutado de manera similar.

Sin hacer realmente nada, los Illuminati se habían fortalecido. Su mayor rival y el bloqueo a su recluta-

miento sin trabas estaba implosionando constantemente y parecía incapaz de detenerlo. En lugar de
beneficiarse de un movimiento genial o de un gran
golpe maestro de Knigge, los Illuminati tuvieron suerte
de que sus rivales fueran tan miopes. Sin embargo, hay
que reconocerles el mérito de haberse colocado en una
posición en la que se beneficiaron de tal implosión. Más
oportunista que maquiavélica, pero más orquestada
que la suerte ciega, la política de los Illuminati tenía un
fino equilibrio. Y aún no había terminado, ya que los
Illuminati todavía tenían uno o dos trucos bajo la
manga.

Aunque los intentos de Knigge de aliarse con muchas
de las otras logias alemanas habían fracasado, los Illuminati no se dieron por vencidos. Estos eran los
terrenos de reclutamiento perfectos, y poder compartir
recursos con otras logias masónicas sería un gran
impulso para sus ambiciones.

Le correspondió a Weishaupt hacerse cargo del
proceso.

· · ·

Aunque Knigge era la fuerza impulsora detrás de muchas de las acciones de los Illuminati, Weishaupt seguía desempeñando un papel importante en la organización. Después de todo, él había fundado toda la Orden. Tras el convento de Wilhelmsbad, propuso una alianza diferente para las logias alemanas, una que evitaba el tema de la división. Bajo la propuesta de Weishaupt, las logias se aliarían en una especie de federación. Dentro de la federación, cada logia practicaría un sistema uniforme y acordado en los tres primeros grados (tradicionales) de la masonería. Una vez que los miembros alcanzasen los siguientes grados, dependería de cada Logia la forma de proceder. Además, un miembro de cualquiera de las logias aliadas podía visitar cualquier otra logia de la federación. Todos los maestros de logia de la alianza serían promovidos por elección, sin que tuvieran que pagar cuota alguna a ninguna autoridad central (aunque las logias podrían seguir cobrando cuotas locales). Para supervisar el buen comportamiento, habría un consejo representativo llamado Directorio Escocés que estaría formado por personas de muchas Logias diferentes. Este consejo podría resolver cualquier disputa, controlar las finanzas e incluso autorizar la fundación de nuevas Logias. Además de estos cambios, hubo muchas otras ligeras alteraciones en la estructura y supervisión de los franc-masones.

Tal como estaba, la alianza propuesta por Weishaupt estaba diseñada para alterar un problema que mucha gente tenía con los masones en Alemania, en el sentido de que los ideales en los que supuestamente creían los grupos parecían chocar con la práctica de la organización. Cualquier idea de igualdad (un principio masónico) quedaba aparentemente olvidada una vez que los miembros superaban los tres grados tradicionales. Los que se encontraban en los grados superiores a menudo sólo podían perseguir sus intereses y continuar por el camino masónico en función de sus recursos. Si un masón esperaba practicar la alquimia o el misticismo, necesitaba dinero para hacerlo. Sólo realizando estos estudios podían los masones esperar pasar a los cuartos grados. Para hombres como Knigge y Weishaupt, esto parecía ser un asunto importante y que sería combatido por la alianza. Pero los dos hombres tenían una intención alternativa. Además de resolver una aparente crisis dentro de los masones, proporcionaría a los Illuminati una brillante plataforma de reclutamiento. Serían capaces de difundir su Orden a través de las filas de la masonería alemana. No pasó mucho tiempo antes de que el edicto fuera acordado y circulara por los diversos salones masónicos. Pocas personas conocían las verdaderas intenciones de la alianza.

Incluso el anuncio que se envió a las logias fue cuidadosamente planeado por los Illuminati. El documento destacaba los defectos inherentes al sistema actual, el principal de los cuales se refería a quién reclutaban los masones.

Como mencionaba la circular, muchas de las personas que eran admitidas en la masonería eran en realidad inadecuadas para la organización y sólo estaban realmente presentes gracias a su riqueza. En su opinión, se trataba de una corrupción que también se daba en la sociedad en general. Resultó convincente y, muy pronto, las propuestas de Weishaupt se pusieron en práctica.

Habiendo ayudado a redactar los cambios, los propios Illuminati fueron de los primeros en hacer cambios en su estructura. La Logia Theodore -que seguía siendo su cuartel general- empezó a cambiar. A medida que se eliminaban las normas aplicadas a muchos de los grados superiores de la masonería, y cada logia empezaba a construir sus propios cuartos grados, los Illuminati siguieron su ejemplo. Estableciéndose como la Gran Logia de su provincia, los Illuminati (con Knigge actuando en su nombre) escribieron una carta en la que acusaban a la Real de York de decadencia. Para demostrarlo, los Illuminati se dirigieron a uno de sus antiguos enemigos. Acusaron al Real de York de estar en connivencia con los jesuitas y corrompido por ellos. La Estricta Observancia (o lo que quedaba de ella) sufrió acusaciones similares, y los Illuminati afirmaron que el grupo estaba "desprovisto de toda virtud moral". En otros lugares, acusaron a ciertos ritos de estar aliados con los suecos, posicionando a los Illuminati y a su Logia Theodore como el único bastión verdadero de la masonería legítima. Los Illuminati habían visto abrirse ante ellos su oportunidad y la habían aprovechado.

O eso parecía. Lo que habían pensado que sería un número devastador de acusaciones resultó tener el efecto contrario. Weishaupt, en lugar de convertir a muchos masones a su causa, había conseguido alienar, molestar y ofender a muchos miembros. El plan de infiltrarse en la masonería y cooptar a sus miembros parecía fundamentalmente erróneo.

Otros masones, como la Gran Logia del Gran Oriente de Varsovia (que dirigía a los masones de Lituania y Polonia), podrían haber estado interesados, pero exigían independencia a la luz de estas acusaciones. Ellos, como muchos otros, sospechaban de las intenciones de los Illuminati. Con muchas logias contentas de participar en los tres primeros grados de la masonería, a los Illuminati les costó convencer a otras de las ventajas de unirse a ellos en los rangos superiores. Ahí era donde residía el verdadero poder, y otras logias estaban felices de conservarlo para sí mismas. Sin embargo, los Illuminati tuvieron cierto éxito. A principios de 1783, habían conseguido hacerse con el control total de siete logias masónicas.

No es de extrañar que los intentos de Weishaupt y Knigge fracasaran relativamente. Aunque la Logia Theodore estaba creciendo en tamaño, seguía siendo una recién llegada a la manzana. Muchas otras logias masónicas eran mucho más antiguas y, por tanto, inspiraban mucho más respeto.

. . .

Aunque los Illuminati habían tenido suerte en algunas áreas y habían logrado sacar provecho de ello, eran culpables de extralimitarse e intentar ir demasiado por delante de sus medios. Era un enfoque torpe, que reflejaba una falta de conciencia del sentimiento hacia su Logia entre los masones.

La suerte que habían tenido la desaprovechaban con la misma rapidez. Además, contribuyó a condenar al ostracismo a los mismos miembros que los Illuminati querían reclutar. En ese momento, todavía estaban muy unidos simbióticamente a los francmasones. Aún no eran lo suficientemente fuertes como para valerse por sí mismos, por lo que dependían de la antigua organización como medio de legitimarse a los ojos de posibles reclutas. Ostensiblemente, a simple vista, no eran más que otra logia. La verdad de los Illuminati aún no era de conocimiento público. En consecuencia, aquellos masones que pudieran estar de acuerdo con la desconfianza de los Illuminati hacia el misticismo y aquellos a los que no les gustaran los Martinistas podrían ser reclutas ideales. Pero eran personas que estaban muy comprometidas con su propia independencia, algo que no querían ceder a los Illuminati. Un buen ejemplo de ello fue Ditfurth, que a pesar de representar a los Illuminati en el convento de Wilhelmsbad, había querido seguir su propia agenda y se había apresurado a renunciar.

La propia lealtad de Ditfurth fue rápidamente retirada una vez que encontró algo más adecuado a sus principios, revelando la dificultad a la que se enfrentaban los Illuminati.

Tras la formación de la alianza, comenzó a surgir una segunda reunión de logias, que esta vez agruparía a las logias no místicas que se encontraban en los alrededores de Frankfurt. Se llamó la Alianza Ecléctica y parecía estar ideológicamente en línea con exactamente el tipo de grupo hacia el que los Illuminati se estaban esforzando. El único problema era que no era su idea. Sin embargo, la afortunada aparición de esta Alianza Ecléctica brindó la oportunidad de estabilizar el barco y, tras un breve debate, los Illuminati acordaron que sus logias se unieran a ella.

Además, se les invitó a formar parte del comité y a ayudar a redactar los estatutos y el reglamento de la alianza. Tuvieron la suerte de que se les confiara tal grado de influencia y responsabilidad, aunque la alianza no parecía aportarles grandes ventajas tácticas. El acuerdo no les proporcionaba tanto acceso a nuevos reclutas. De hecho, cuando hombres como Ditfurth se dieron cuenta de que las otras logias de la Alianza Ecléctica eran más afines ideológicamente a sus propias filosofías, empezó a distanciarse de los Illuminati.

No fue el único. De hecho, tanto éxito tuvo la Alianza Ecléctica sobre la federación de los Illuminati -y tan poco control tenían sobre el grupo- que en realidad puede considerarse un obstáculo para sus esfuerzos. Toda la sutil planificación que habían hecho al tratar de situarse en un momento oportuno parecía haberse deshecho.

Pero la alianza tuvo una ventaja: les mantuvo en el juego. La verdadera suerte de los Illuminati parece haber sido que fueron capaces de evitar constantemente la irrelevancia. Una y otra vez, encontraron problemas en sus planes. O no se confiaba lo suficiente en ellos, o cometían errores, o los acontecimientos no salían según lo planeado. Pero cada vez, el grupo se las arreglaba para salir adelante aprovechando inteligentemente las oportunidades que se les presentaban.

La visión tradicional de los Illuminati parece mostrarlos manejando los hilos detrás del escenario mundial, manipulando sutilmente los acontecimientos globales. Pero en el siglo XVIII, lucharon por controlar a los masones de Baviera y sus alrededores. Tuvieron la suerte de que se les presentarán constantemente oportunidades para redimirse y permanecer en el juego, aunque a menudo fueron lo bastante astutos como para aprovecharlas a la perfección.

Era un delicado equilibrio entre suerte, fracaso, éxito y oportunismo. A partir de todo ello, los Illuminati se fueron haciendo cada vez más poderosos y más influyentes. Como veremos en el próximo capítulo, estaban a punto de acercarse mucho más a la consecución de sus objetivos.

6

Los Illuminati cambiaron el mundo

A LO LARGO de este libro, nuestros debates sobre los Illuminati se han limitado a una pequeña zona geográfica y apenas han abarcado una década. En términos de historia europea, esto es sólo una pequeña ventana al pasado histórico del continente. De hecho, hemos dedicado mucho tiempo a examinar en detalle a los francmasones, otra sociedad totalmente distinta. Ahora que nos encontramos más o menos en el ecuador del libro, es posible que se pregunte cómo una sociedad tan famosa se limitó a un breve momento en el tiempo. Al principio de este libro prometimos examinar los hechos. Existen muchos mitos y leyendas sobre la Orden, pero no se puede dudar de su existencia.

· · ·

Sabemos lo que sabemos gracias a las pruebas, los documentos (a menudo escritos por los hombres nombrados en este libro) que se han transmitido hasta nuestra era moderna y nos proporcionan pruebas definitivas de su existencia.

Los Illuminati existieron, pero ¿cómo exactamente un grupo tan aparentemente pequeño logró cambiar el mundo?

Para responder a esta pregunta, debemos examinar la sociedad cuando estaba en su apogeo administrativo.

En el capítulo anterior, fuimos testigos de los problemas a los que se enfrentaban los Illuminati. Para expandirse como sociedad secreta y poner en práctica sus ideas - para tener un efecto demostrable en el mundo - necesitarían crecer.

Para crecer, necesitarían reclutar. Habían decidido que los francmasones les ofrecían una reserva potencial de talento, y habían trabajado para congraciarse con la organización competidora, aparentemente con la esperanza de desmantelarla desde dentro. Pero, debido a su mal juicio y a su mala suerte, esto no sucedió. A pesar de sus elevadas ambiciones, los Illuminati no habían llegado a las alturas que se habían esforzado por alcanzar. Pero eso no quiere decir que no tuvieran éxito.

Cuando observamos el reclutamiento de los Illuminati a pequeña escala -de persona a persona- parece claro que en realidad tuvieron un éxito moderado.

Podrían haber planeado asaltar a los masones en busca de los mejores y más brillantes, desplazando a la centenaria sociedad como la organización clandestina dominante, pero eso siempre fue un sueño poco realista.

En lugar de eso, su reclutamiento a nivel individual les había proporcionado una lista de miembros en constante crecimiento. No sólo crecía el número de miembros, sino que los hombres que entraban en el grupo eran de gran calidad. La gente parecía estar dispuesta a creer en los principios establecidos por los Illuminati, y parecía que había algo ciertamente atractivo en la forma en que concebían el mundo.

· · ·

A su alrededor, Baviera estaba cambiando. En el poco tiempo transcurrido desde la formación de los Illuminati, el partido gobernante del país había cambiado. Charles Theodore -el hombre que prestó su nombre a la Logia Masónica de los Illuminati- había ascendido al poder. Charles Theodore había sido el hombre que originalmente había ilegalizado las sociedades secretas, pero sus crecientes cantidades de poder habían conducido a un creciente liberalismo en la región. Esto no era apreciado por todos. Aunque gobernaba desde hacía mucho tiempo varios territorios, Teodoro no tenía la fuerza de voluntad suficiente para impulsar sus ideas. Aquellos cuyas posiciones parecían amenazadas por una liberalización del país -miembros de la corte y del clero- consiguieron engatusar y convencer al gobernante para que diera marcha atrás en su postura.

Lo que parecía una época de aceptación de las ideas liberales se convirtió rápidamente en todo lo contrario. En medio de la creciente discordia social, Carlos Teodoro permitió a sus poderosos y privilegiados consejeros proteger sus propias posiciones, a expensas de los pensadores más progresistas de la región. En toda Baviera, un breve momento de liberalismo aceptado se vio truncado por una nueva represión de tales ideas.

. . .

Tal movimiento parecía ideal para los Illuminati. Se fundaron sobre las mismas ideas que Theodore intentaba reprimir. Aunque su logia llevara el nombre del hombre, los principios de los Illuminati, que operaban bajo la apariencia de masones, no podían estar más alejados de los del gobernante. En toda Baviera, la gente empezaba a estar cada vez más resentida con Carlos Teodoro, especialmente entre las clases educadas (aunque no necesariamente demasiado privilegiadas). La situación era ideal para una sociedad secreta aparentemente ilustrada que quería reclutar nuevos miembros. Con el objetivo declarado de cambiar el mundo, los Illuminati empezaron a intensificar sus programas de reclutamiento.

Los primeros en integrarse en el grupo fueron varios francmasones descontentos con la creciente influencia martinista en la logia Prudence.

Encontraron en la Logia Theodore un grupo que no estaba tan interesado en los aspectos más esotéricos de la experiencia masónica y que, en cambio, centraba su atención en las filosofías contemporáneas y en las ideas que el gobierno en el poder consideraba ilegales. Cuando grupos como estos desertaron hacia los Illuminati, el Areópago y Weishaupt se dieron cuenta de que necesitarían un lugar donde albergar sus esfuerzos. Eligieron una mansión propia, rodeada de altos muros y exuberantes jardines, y con una biblioteca que pudieran llenar con el tipo de literatura liberal que impulsaba su ideología.

El mismo tipo de expansión estaba ocurriendo en toda Alemania. En muchas regiones empezaron a surgir bastiones locales de los Illuminati. Aunque pequeños al principio, representaban una influencia que se extendía por todo el país como reacción a las cambiantes políticas gubernamentales y a la insatisfacción tanto con la élite gobernante como con las prácticas de los masones. Las actitudes estaban cambiando en toda la región, y los Illuminati habían llegado a representar ese cambio. Su número seguía siendo relativamente bajo, pero crecía a buen ritmo. El círculo de Maguncia, por ejemplo, casi se había duplicado en poco tiempo.

· · ·

Donde antes había unos 30 miembros, ahora había 61. Las opiniones del Estado sobre el catolicismo y las posturas antiliberales declaradas no hacen sino avivar el fuego.

En partes de Austria se produjo un crecimiento similar, y surgieron nuevas ramas del grupo en lugares como Varsovia y Bratislava, y en lugares tan lejanos como Milán, Tirol y Suiza. Los Illuminati se estaban convirtiendo rápidamente en una preocupación europea, en lugar de ser simplemente un grupo bávaro.

A finales de 1784, parecía haber alcanzado cotas sin precedentes. Weishaupt, a pesar de sus esfuerzos, no podía esperar ver crecer el número de miembros con tanta facilidad. Las cuentas y registros mantenidos por el grupo en ese momento muestran hasta 650 miembros oficiales, aunque las comunicaciones y relatos privados de Weishaupt y otros apuntan a que hubo potencialmente 2.500 miembros Illuminati durante este período. Es probable que los hombres estuvieran contando a los otros masones que eran miembros de las logias bajo el control de los Illuminati (aunque no miembros reales en ese momento), pero hay pocas razones para sospechar que el número real no se encontrara en algún lugar entre las dos estimaciones. Para un grupo que se inició en una reunión universitaria secreta, el crecimiento en menos de una década fue asombroso. No se trataba tanto de cifras concretas como de la extensión geográfica de su influencia. Veinte miembros poderosos e influyentes en Milán, por ejemplo, eran un recurso muy valioso para un grupo que se veía a sí mismo como una organización potencialmente dominante a escala internacional. Para cambiar el mundo, este nivel de influencia era más importante que las simples cifras en bruto.

Esto se debió quizás a uno de los cambios clave que Knigge y el Areópago habían implementado. Mientras que Weishaupt se había contentado con centrarse en estudiantes y jóvenes, se tomó la decisión consciente de centrarse en los reclutas más influyentes. Esto significaba que los miembros más nuevos eran típicamente abogados, doctores, hombres de la iglesia, académicos y otras gentes profesionales. Éstos eran mucho más valiosos para la organización que los estudiantes y los hombres poco influyentes. Pero aún más importantes eran aquellos que podían ejercer un verdadero poder.

. . .

Hombres como Carlos Augusto y Ernesto II eran miembros, al igual que el Gran Duque de Sajonia-Weimar-Eisenach y el Duque de Sajonia-Gotha-Altenburgo, respectivamente. El hermano de Ernesto (y el hombre que acabaría sucediéndole) Augusto se había unido, al igual que Karl von Dalberg (gobernador de Erfurt) y el duque Fernando de Brunswick-Wolfenbüttel. El duque Ferdinand trajo consigo a Johann Friedrich von Schwarz de sus conexiones masónicas. El conde Metternich de Coblenza también era miembro. En todos estos eran personas con poder legislativo legítimo, personas que podrían afectar el cambio real en el mundo.

En los Illuminati, por casualidad, vieron algo de valor real.

Hubo incluso éxitos en otras zonas de Europa, reclutando a figuras bastante influyentes para lo que todavía era una sociedad relativamente pequeña si se considera en el escenario internacional más amplio. Por ejemplo, en Viena, los Illuminati consiguieron reclutar a las siguientes personas:

•El gobernador de Galicia (Conde Brigido)

•El canciller de Bohemia (conde Leopold Kolowrat)

•El vicecanciller de Bohemia (Barón Kressel)

•El canciller de Hungría (Conde Pálffy von Erdöd)

•El gobernador de Transilvania (y también Gran Maestro de la Logia local, el Conde Banffy)

•El embajador en Londres (Count Stadion)

•Y el ministro de educación pública (Barón von Swieten)

Incluso fuera de sus regiones nativas, los Illuminati conseguían reclutar a personas con verdadero poder, aquellas que no sólo podían influir en los legisladores y los tribunales, sino también en quienes podían fomentar el reclutamiento. Con una lista tan ilustre de personas en sus libros, es fácil ver por qué tantas generaciones posteriores han estado dispuestas a creer que los Illuminati controlan vastas franjas del poder legislativo. Durante un breve periodo en el siglo XVIII, ejercieron una influencia muy real en la parte de Europa Central donde tenían su sede.

Gracias a las obras de Knigge, Weishaupt y muchos otros, se habían producido una serie de éxitos reales en el mundo del reclutamiento.

· · ·

Pero los Illuminati no siempre tuvieron éxito.

A pesar de sus loables intentos de reclutar a personas con poder real, también se caracterizaron por una serie de fracasos notables. Uno de los más famosos fue su intento de incorporar a Johann Kaspar Lavater. Lavater era suizo, famoso por sus obras de teología y poesía. Era una persona muy respetada y parecía ideal para la organización, exactamente el tipo de hombre que esperaban reclutar. Pero cuando Knigge ofreció la afiliación a Lavater, fue rechazado sumariamente. Según el poeta suizo, los objetivos declarados de los Illuminati -la promulgación de principios racionalistas y humanistas en los gobiernos de toda Europa- no era algo que pudiera conseguir una sociedad secreta. Como no creía en sus métodos, declinó la invitación. No sólo eso, sino que el fracaso dejó un impacto duradero en Lavater. Hizo saber que, en su opinión, una campaña de reclutamiento tan concertada acabaría siendo la perdición de la sociedad. A medida que los Illuminati buscaban reclutas cada vez más poderosos e influyentes, el poeta creía que esto les haría olvidar los ideales y objetivos que les habían inspirado en un principio.

. . .

Lavater no fue el único. Christoph Friedrich Nicolai fue más allá en sus investigaciones sobre lo que ofrecían los Illuminati. Escritor berlinés, era otra persona que parecía ideal para las ideas que la Orden intentaba promover. Llegó incluso a alistarse, pero no tardó en sentirse poco convencido de las capacidades de la Orden.

Al hablar de por qué acabó desilusionándose con el grupo, describió sus objetivos como "quiméricos" y creía que el grupo utilizaba tácticas similares a las empleadas por los antiguos enemigos de los Illuminati, los jesuitas, algo que consideraba peligroso. Aunque técnicamente siguió siendo miembro, no fue muy activo y fue una de las pocas voces disidentes que tenemos de aquella época. Poco dispuesto a reclutar a otros miembros y crítico con los métodos del grupo, Nicolai era un buen indicio de que no todo el mundo estaba tan seducido por el enfoque de los Illuminati.

Al principio de este capítulo, nos propusimos investigar si los Illuminati consiguieron cambiar el mundo. Es una de las afirmaciones más duraderas que se han hecho contra ellos, aunque a menudo se refiere a una interpretación totalmente diferente de los Illuminati. Lo que acabamos de ver, el período de la historia que hemos cubierto, se refiere a la marca de agua alta de la influencia de los Illuminati.

Durante este tiempo, se las arreglaron para reclutar una serie de personas muy influyentes. Tenían miembros en Gran Bretaña, Italia, Suiza, Alemania, Austria y otros países. No sólo eso, sino que se trataba de personas de verdadera importancia. Para una sociedad que se había formado menos de diez años antes, esto es ciertamente impresionante.

Pero como veremos en los próximos capítulos, los Illuminati no consiguieron convertir este éxito en el reclutamiento en un cambio palpable en el mundo real. Sabemos que tenian una ideología definida, una que promovía las ideas de la Ilustración y esperaba agregar un grado de racionalismo al gobierno. Pero lucharon incluso para lograr este cambio en su gobierno local. Tuvieron éxito porque Baviera era exactamente lo contrario de lo que querían. Represiva, reaccionaria y demasiado dispuesta a reprimir las ideas liberales, el terreno de juego de los Illuminati nunca se vio realmente afectado por su presencia. Aunque consiguieron reclutar a gente importante, no lograron convertir ese éxito en resultados reales. Sin embargo, aunque los Illuminati no consiguieron afectar a ningún cambio real en la política del siglo XVIII, sí que dejaron un legado. Sin embargo, como veremos en el próximo capítulo y más adelante, ese legado no siempre fue del todo positivo.

Los Illuminati: Satanismo, brujería, rosacrucismo y ocultismo

QUIZÁ NO SORPRENDA SABER que los Illuminati no eran la única sociedad secreta que competía en la Europa del siglo XVIII. Ya hemos hablado de los francmasones y su sociedad centenaria, conocida en todo el continente. Pero también había otros grupos, igualmente proscritos y percibidos como tan peligrosos como los Illuminati. Al discutir el cisma dentro de los masones, mencionamos brevemente los rituales y ceremonias que eran usados por los masones.

Mientras que muchos los veían como simples tradiciones -y algunos llegaron a admitir que fueron inventados con ese propósito-, otras sociedades secretas se centraban mucho más en la magia, lo oculto y lo místico. Mientras que los Illuminati se fundaron sobre principios racionalistas y aparentemente científicos, había otras órdenes que no eran ni mucho menos tan modernas. En nuestra era moderna, mucha gente ha confundido los esfuerzos de tales sociedades con los Illuminati.

Como tal, la orden de Weishaupt ha sido acusada de todo, desde satanismo hasta brujería. Pero, ¿estaban realmente involucrados en tales prácticas? ¿Y cómo llegaron a tener la reputación de otras sociedades secretas?

Aunque hemos venido utilizando la expresión "sociedad secreta" a lo largo de este libro, rápidamente ha quedado claro que había pocos secretos tan bien guardados en la Europa del siglo XVIII. Toda la premisa de organizaciones como los masones y los Illuminati se basaba en revelar el secreto a los demás para reclutarlos. Esto creaba un extraño equilibrio entre el secreto y la publicidad. En esencia, mucha gente sabía que estos grupos existían, aunque no los comprendieran del todo. Pero junto a los dos ejemplos más famosos, existía una tercera gran sociedad secreta, que no hemos mencionado hasta ahora. Los Rosacruces, en muchos sentidos, parecían ser la antítesis de todo lo que representaban los Illuminati. Era natural que ambas entrarán en conflicto en algún momento.

Antes de seguir adelante, deberíamos detenernos un momento para aprender más sobre el rosacrucismo. Como habrás adivinado, los rosacruces eran una sociedad secreta fundada también en Alemania. Se remontan a la época medieval y fueron fundados por un hombre llamado Christian Rosenkreuz, cuyo nombre significa literalmente "cruz de rosas" y da título a la sociedad. Como muchas otras sociedades secretas, afirmaban poseer "verdades esotéricas" que les habían sido transmitidas desde la antigüedad.

Parte de su popularidad se debe a dos documentos que empezaron a circular por la Alemania del siglo XVII, en los que se presentaba a la Hermandad de los Rosacruces como una orden loable que esperaba reformar la humanidad. Se oponían a la religión católica romana, en la que se asemejaban a los Illuminati en su búsqueda de un enfoque más empírico de la vida. Pero en lugar de racionalismo, se creían poseedores de antiguos secretos y ciencias perfeccionadas por filósofos moros cientos de años antes. Estos hechizos y enseñanzas aparentemente mágicos y místicos informarían a muchas personas del siglo XVIII. Se les considera el lugar del que la masonería tomó prestadas muchas ideas para sus rituales y ceremonias. Este misticismo rosacruz, aunque quizá no pretendiera practicar la magia tal y como la entendemos hoy en día, tenía sin duda un toque de ocultismo. En ese sentido, eran todo lo contrario de los Illuminati, que abogaban por el racionalismo y el modernismo.

Pero el efecto de los rosacruces sobre los masones fue palpable. Muchos de sus miembros se entrelazaban en ambas órdenes. No era raro que la gente se describiera a sí misma como una mezcla entre las dos sociedades. De forma similar a cómo los Illuminati se habían infiltrado en los masones durante el siglo XVIII, la Orden Rosacruz había conseguido hacerlo un siglo antes. Cuando Weishaupt comenzó a pensar en los Illuminati, los Rosacruces ya eran una presencia establecida en las logias de toda Alemania.

Sabiendo que los dos grupos nunca podrían coincidir en muchos asuntos, Weishaupt trató por todos los medios de ocultar la existencia de sus Illuminati a aquellos que él sabía que eran Rosacruces. Aunque los dos grupos eran claramente protestantes en sus enseñanzas, las diferencias eran mucho más profundas. Mientras que los Illuminati estaban en contra de la monarquía, los Rosacruces estaban a favor del gobierno de los reyes. Mientras que los Illuminati estaban en contra del clero en casi todas sus formas, los Rosacruces creían que tenía un lugar en la sociedad. Mientras que los Illuminati estaban a favor de la idea de una sociedad orientada a la Ilustración y dirigida por personas como científicos y filósofos, los Rosacruces estaban en total desacuerdo.

Con dos sociedades secretas competidoras operando dentro de la sociedad secreta mayor, era quizás inevitable que hubiera algún tipo de conflicto entre las dos Órdenes menores. Uno de los factores que resultó molesto para varios miembros de los Illuminati fue la práctica rosacruz de celebrar sesiones de espiritismo y otros acontecimientos místicos. Diversos miembros de los Illuminati calificaban estos actos de fraudulentos, lo que parecía ampliar el abismo entre los dos grupos. A medida que más y más gente conocía la existencia de los Illuminati, se hizo cada vez más obvio que las dos sociedades entrarían en conflicto directo.

. . .

Pero eso no quiere decir que los Illuminati no tuvieran miembros que se inclinaran por ciertos elementos del misticismo. Quizá el más famoso fuera Knigge, que había admitido abiertamente su interés por prácticas como la alquimia.

Su conocimiento de lo oculto había hecho que se le confiara la redacción de los rituales y ceremonias, al parecer el hombre capaz de darles un sabor auténtico. Al parecer, cada vez eran más los rosacruces que se unían a los Illuminati, y la polinización cruzada de ambos grupos era una tendencia creciente. Al igual que Knigge, Kolowrat era en realidad miembro de la Orden Rosacruz, mientras que muchos de los reclutas directos de Knigge tenían sin duda simpatías místicas. El príncipe Carlos de Hesse-Kassel era un místico empedernido y, en varias ocasiones, había expresado su desconfianza hacia algunos de los más ardientes racionalistas Illuminati.

Los primeros golpes del conflicto fueron lanzados por Johann Christoph von Wöllner, que dirigió la rama prusiana de los rosacruces en un ataque sostenido y contundente contra los Illuminati. Wöllner era conocido por poseer una habitación dedicada al misticismo. Llevaba dentro a los clientes que dudaban y, una vez encerrados, les convencía de la eficacia de la magia que, según decían, poseían los rosacruces. La habitación había sido especialmente diseñada para este fin y, aunque no sabemos exactamente cómo, se ha insinuado que Wöllner utilizaba una serie de trucos e ilusiones para convencer a los clientes, que luego se convertían en miembros de las Órdenes Rosacruces.

Utilizando métodos como estos, Wöllner y su Orden habían conseguido hacerse con el control de una de las Logias Masónicas más importantes, los Tres Globos, así como de aquellas Logias más pequeñas que servían bajo ella. Wöllner utilizó los Tres Globos para lanzar un aluvión de acusaciones contra los Illuminati.

A través del portavoz de la Gran Logia de los Tres Globos, controlada por los rosacruces, Wöllner y su Orden acusaron a los Illuminati de delitos como el ateísmo (todavía muy proscrito en aquella época) y sugirieron que tramaban actividades revolucionarias. Esto se agravó en abril de 1783, cuando Carlos de Hesse fue informado por su compañero francmasón

Federico el Grande de que las logias de Berlín habían entrado en posesión de documentos que demostraban que los Illuminati eran sospechosos de ateísmo, ya que los documentos contenían "materiales espantosos".

Federico el Grande trató de obtener más información de su amigo, alineado con los Illuminati, preguntándole si había oído hablar alguna vez de tales cosas. Para empeorar las cosas, Wöllner y sus colegas hicieron correr la voz por todas las logias de Berlín de que los Illuminati no eran de fiar, ya que el grupo esperaba socavar, corromper y acabar con todo tipo de religión. Aprovechándose de los miembros conservadores de la masonería, esperaban alejar a la gente de los Illuminati para siempre. La campaña lanzada por Wöllner y sus rosacruces se prolongó durante el resto de 1783 y hasta bien entrado 1784.

En noviembre de ese año, se negaban incluso a aceptar que un miembro de los Illuminati pudiera describirse a sí mismo como masón. Se trataba, en efecto, de una campaña de propaganda a gran escala.

No se limitaba sólo a las logias de Berlín. En algunas partes de Austria, los rosacruces lanzaban campañas similares. Describían a sus rivales Illuminati como responsables de una serie de panfletos que denunciaban todo tipo de religión. Esto se convirtió en una misión de vigilancia, en la que los rosacruces vigilaban constantemente a miembros de los Illuminati como Joseph von Sonnenfels, a la espera del más mínimo desliz. Sus esfuerzos resultaron fructíferos e incluso consiguieron cerrar por completo cualquier forma de reclutamiento Illuminati en cualquier lugar del Tirol.

Además de la campaña desde fuera de los Illuminati, los miembros de la Orden se vieron afectados por las traiciones internas. A través de las logias Illuminati de Baviera, los Rosacruces se habían enterado de muchas de las acciones del grupo gracias a un informante bien situado (aunque nunca nombrado). Esto se agravó aún más cuando uno de los Areópagos -un hombre llamado Ferdinand Maria Baader- intentó unirse a los Rosacruces. Aunque sus intentos iniciales parecían ir bien, los rosacruces no tardaron en enterarse de la posición de Baader dentro de los Illuminati. Se le dijo, sin rodeos, que no se le permitiría unirse a ambos grupos.

. . .

Baader decidió permanecer leal a los Illuminati y escribió la habitual carta de renuncia a los Rosacruces. Al hacerlo, afirmó audazmente que los Rosacruces no poseían ningún conocimiento místico real y que se equivocaban al ignorar a aquellos que estaban "verdaderamente iluminados". Aunque eran palabras descaradas, cometió el error de nombrar a la Logia Theodore, señalándola efectivamente como la sede de los Illuminati. Parecía una batalla que los rosacruces estaban dispuestos a ganar.

Pero los Illuminati parecían incapaces de responder. ¿Por qué, cuando una banda de rosacruces místicos parecía estar librando una feroz campaña contra los Illuminati, parecían estar haciendo tan poco? La respuesta es que se enfrentaban a problemas mucho mayores que empezaron a originarse desde dentro. Los Illuminati, que ya habían alcanzado su punto álgido en términos de reclutamiento y eficacia, habían comenzado a declinar. Optando por centrarse en su interior, tuvieron poco tiempo para responder a los Rosacruces. Pero el conflicto entre las dos Órdenes nos permite comprender exactamente por qué los Illuminati son vistos como lo son hoy en día, y por qué han sido tan a menudo acusados de brujería, satanismo y todo tipo de misticismo.

En primer lugar, la propia existencia de los Rosacruces demuestra al público moderno que las sociedades secretas centradas en la magia y el ocultismo existieron de hecho. No eran obras de ficción, creadas para asustar e intimidar.

Aunque puede que los rosacruces no poseyeran realmente conocimientos ancestrales y poderes mágicos, la gente creía que sí. Habiendo existido mucho antes que los Illuminati, órdenes como la de los Rosacruces ayudaron a crear la concepción moderna de lo que podría ser una sociedad secreta: secreta, mística y que lleva a cabo extraños rituales.

Aunque los Illuminati pudieran haberse opuesto ideológicamente a los místicos, es fácil ver por qué tanta gente está dispuesta a creer que podrían ser capaces de tales prácticas. Esto es especialmente cierto cuando se recuerda que los propios Illuminati llevaron a cabo muchos de los rituales que tomaron al por mayor de los Francmasones (que a su vez pueden haber sido tomados de los Rosacruces).

Simplemente porque se convirtieron en la más conocida de las dos Órdenes, los Illuminati han cargado desde entonces con la reputación de los Rosacruces de llevar a cabo todo tipo de magia negra.

Así pues, mientras que los Illuminati estaban casi definitivamente en contra del tipo de misticismo y ocultismo que podría percibirse que practicaban, la existencia de la campaña de propaganda de los Rosacruces demuestra que a menudo fueron objeto de campañas de desinformación.

Como sociedad secreta, no es del todo posible establecer sin más de qué se ocupan y de qué no. A medida que los rumores y las mentiras salaces empezaron a extenderse entre los masones e incluso entre el público, los Illuminati fueron rápidamente desprestigiados. Incapaces de defenderse, fueron víctimas de una mala publicidad que ha perdurado hasta nuestros días. No se tarda mucho en buscar en Internet y encontrar discusiones que vinculan a los Illuminati con la adoración del diablo, la magia negra y otras prácticas ocultas. Como hemos visto, esto no podía estar más lejos de la realidad. Si bien miembros como Knigge pudieron haber incursionado en alguna medida, los propios principios fundacionales de los Illuminati los describían como hombres racionales y empíricos. El hecho de que todavía existan tantas ideas erróneas demuestra lo buena que fue la campaña de los Rosacruces. Pero a medida que su reputación era mancillada, ¿cómo no iban a contraatacar los Illuminati? En el próximo capítulo examinaremos los conflictos internos y las tendencias destructivas que llevaron a la caída de los Illuminati.

8

Los Illuminati han muerto

Si hemos de creer las historias modernas sobre los Illuminati, están muy activos y muy vivos. Todavía causando problemas en todo el mundo en una búsqueda interminable de la dominación global, los Illuminati están detrás de muchos de los acontecimientos mundiales más importantes que hemos visto en los últimos siglos. Pero eso cuenta una historia muy diferente a la de los libros de historia. En los próximos capítulos, empezaremos a ver el cisma entre los Illuminati bávaros y la idea moderna de la Orden tal y como existe hoy en día. Al hacerlo, tendremos que responder a la pregunta: ¿Han muerto los Illuminati? Si la respuesta es afirmativa, ¿qué los mató?

· · ·

En el capítulo anterior, vimos lo difícil que podía volverse el mundo cuando los Illuminati se enfrentaban a una amenaza que era igual de hábil para moverse dentro de los círculos clandestinos de las sociedades secretas.

Aunque Weishaupt y Knigge habían hecho un trabajo increíble al levantar un pequeño grupo y elevarlo hasta el punto de convertirse en una seria preocupación en muchas partes de Europa, no lo habían hecho sin problemas. En varios momentos, ambos hombres se habían peleado con el consejo de los Illuminati, el llamado Areópago. A medida que los Illuminati se acercaban cada vez más a los francmasones, y a medida que comenzaron a crecer fuera de Baviera, este consejo fue considerado ineficaz. Tanto Knigge como Weishaupt estuvieron de acuerdo en que podría ser renovado. Sin embargo, en lugar de potenciar el Areópago, simplemente lo reemplazaron. En su lugar existió el Consejo de Provinciales, que se vio obstaculizado por la falta de poder.

Aunque habían reemplazado el Areópago por un sustituto ineficaz, los hombres que se habían sentado en el Areópago permanecieron como miembros Illuminati, y comenzaron a hacer oír sus voces. Hasta ese momento, Knigge había actuado como el hombre que sanó las relaciones entre el Areópago y Weishaupt. Pero tan pronto como Knigge abandonaba la escena inmediata, los dos bandos volvían a pelearse y discutir. En lugar de centrarse en las amenazas externas o en el progreso de la sociedad, se contentaban con pelearse entre ellos. Todavía tenemos muchas de las cartas y comunicaciones privadas de Weishaupt en las que no se contiene su desagrado hacia muchos de los areopagistas. Estas cartas fueron escritas a aquellos en los que supuestamente confiaba, a menudo sobre aquellos a los que supuestamente consideraba sus enemigos.

Sin embargo, tal era la connivencia dentro de la orden, que Weishaupt a veces se equivocaba en sus suposiciones. Ya empezaban a aparecer grietas en toda la estructura de los Illuminati.

Una de las grietas más graves apareció entre Weishaupt y Knigge. Aunque los dos tenían principios considerablemente diferentes, habían trabajado juntos a menudo para el mejoramiento de la sociedad. Weishaupt, sin embargo, había logrado alejar a Knigge cada vez más del centro del grupo, alienándolo efectivamente dentro de los Illuminati.

Era un hecho reconocido que el fundador de los Illuminati se había visto obligado a ceder una enorme cantidad de control y poder a Knigge, y nunca lo había olvidado realmente. Weishaupt quería recuperar su poder. Aunque se había confiado en Knigge como el único hombre que había sido capaz de construir y crear los rituales de los Illuminati -esenciales para darles la apariencia de una sociedad secreta creíble como los francmasones- Weishaupt estaba claramente resentido por lo que había perdido en el intercambio.

Sin embargo, Knigge merecía una gran cantidad de crédito por lo que había logrado. Antes de que se convirtiera en miembro, Weishaupt y sus compañeros Illuminati (la mayoría de los cuales eran sus alumnos) estaban limitados en su alcance y sus capacidades, si no en sus ambiciones.

Una vez que a Knigge se le había confiado el reclutamiento y la creación de muchos de los documentos internos de la sociedad, casi instantáneamente habían comenzado a crecer.

Knigge había elevado a los Illuminati hasta el punto de que un grupo algo pequeño y marginal tenía presencia internacional y era considerado lo suficientemente peligroso como para ser atacado por otras sociedades secretas más poderosas.

Por su parte, Knigge sentía que el duro trabajo que había dedicado a los Illuminati no estaba siendo reconocido.

Sintiéndose menospreciado por el fundador del grupo, las divisiones entre las creencias de los dos hombres comenzaron a convertirse en un problema. Una de las cuestiones clave resultó ser la continua postura de Weishaupt sobre el clericalismo y su aborrecimiento absoluto de la forma en que se organizaba y practicaba la religión. Knigge percibió que esto chocaba con sus propias creencias en las artes místicas. Cuando Knigge comenzó a reclutar a más y más personas que compartían sus creencias -hombres como Ditfurth- Weishaupt empezó a ver esto como una amenaza a los principios fundacionales de los Illuminati y un intento de cambiar el curso de la sociedad.

La tensión entre ambos estalló finalmente durante unas conversaciones en curso sobre algunos trabajos de Knigge.

El asunto en cuestión era el grado de Sacerdote, uno de los grados de cuarto nivel que esperaban a quienes ascendían en las filas de los Illuminati. A Knigge se le había confiado la redacción de los materiales para el grado y la tarea de hacerlos sonar adecuadamente místicos para que los futuros miembros pudieran creer que eran auténticos. No necesariamente que funcionaran, sino más bien que los nuevos reclutas entraban en una tradición centenaria. Muchos Illuminati de alto rango consideraban que el trabajo de Knigge no era el mejor. Algunos lo calificaron de "florido" y otros de "mal concebido". En el peor de los casos, según algunos de los miembros, el ritual hacía uso de una indumentaria "pueril y cara". Esto significaba que algunos de los Illuminati se negaban rotundamente a utilizar la obra de Knigge, mientras que otros sólo lo hacían después de editarla. Las cosas se pusieron verdaderamente serias cuando Weishaupt exigió que se volviera a escribir y que Knigge se enfrentará a los críticos.

Knigge no quería oírlo. Habiendo completado ya el trabajo, argumentó que había sido distribuido a las Logias hacía mucho tiempo. Por lo tanto, las personas que habían escuchado los rituales habían tenido la impresión de que era antiguo. Además, lo había hecho con la bendición de Weishaupt, como se había establecido en las instrucciones originales.

Si los rituales y ceremonias eran editados ahora, entonces parecería profundamente sospechoso y contra vendría la bendición que Weishaupt había proporcionado algunos años antes. A Weishaupt no le importó. Comenzó a tener fuertes discusiones con otros miembros Illuminati sobre los rituales del Sacerdote, describiendo cómo eran fundamentalmente defectuosos y cómo Knigge simplemente lo había inventado todo. Weishaupt estaba dejando ver su falta de creencias místicas.

Para Knigge, esto fue profundamente insultante. Habiendo oído lo que Weishaupt estaba haciendo, se dirigió directamente al fundador y le amenazó con revelar cuántos de los rituales y prácticas de los Illuminati él simplemente había inventado. Si todo el mundo se enteraba de que todo había sido inventado por Knigge, la confianza depositada en los Illuminati por sus reclutas sufriría un duro golpe. Todos se habían alistado con la impresión de que todo era auténtico, no sólo las invenciones de Knigge. Pero los dos hombres no lograron llegar a un acuerdo y las tensiones entre ambos continuaron hirviendo a fuego lento y burbujeando.

Como forma de contraatacar, Knigge intentó convocar otro consejo, tratando de reunir una convención de los areopagistas que habían servido de contrapeso a los caprichos de Weishaupt. Pero resultó más difícil de llevar a cabo de lo que había imaginado, y el grupo no llegó a materializarse.

Pronto quedó claro que muchos miembros del Areópago confiaban en Knigge incluso menos que en el fundador de los Illuminati, con quien estaba luchando. Cuando quedó claro que estaba perdiendo una batalla por los corazones y las mentes de los miembros de los Illuminati, Knigge finalmente se retiró de la lucha con Weishaupt y -en julio de 1784- presentó su dimisión. Abandonó el consejo de mutuo acuerdo, devolviéndoles todos los papeles y materiales que había utilizado durante el tiempo en que llevó a cabo sus deseos. Como respuesta, Weishaupt escribió una retractación, retractándose de todas las calumnias y acusaciones que había lanzado contra Knigge durante su enfrentamiento.

Aunque parecía que había ganado la guerra contra Knigge, Weishaupt sólo había conseguido despojar a los Illuminati de uno de sus miembros más importantes. Muy en línea con la noción de "cortar la nariz para fastidiar la cara", Weishaupt había permitido que sus pequeñas disputas minaran y fracturaran a los Illuminati. No sólo las discusiones y desacuerdos habían sido perjudiciales, sino que la salida de Knigge significaba que los Illuminati habían perdido al hombre que era considerado el mejor reclutador, el mejor teórico y el hombre que les proporcionaba un puente hacia la influencia que realmente anhelaban. Weishaupt había hecho sonar la campana de la muerte de los Illuminati, y él no tenía ni idea.

· · ·

Si las diferencias entre Weishaupt y Knigge habían señalado el principio del fin de los Illuminati, las ondas se sintieron en todos los niveles de la organización. Con disputas y diferencias tan claras en los niveles más altos, no debería haber sido una sorpresa ver a los miembros de menor rango de los Illuminati siguiendo las indicaciones de los que estaban por encima de ellos. Con los Rosacruces haciendo todo lo posible por dañar el nombre de los Illuminati, el gobierno sospechando cada vez más de las sociedades secretas de mentalidad liberal y los niveles superiores discutiendo entre sí, no había nadie cerca para darse cuenta de las grietas que empezaban a aparecer en la sociedad.

Uno de los mayores problemas era mantener el secreto.

Aunque el reclutamiento era esencial para el crecimiento de cualquier sociedad secreta, había un decoro y un método detrás del intento de introducir a más gente en el secreto. La mayor parte del reclutamiento -especialmente el que realizaba Knigge- se llevaba a cabo en habitaciones llenas de humo, en lugares ocultos donde la gente no pudiera ser escuchada. Además, sólo se informaba de la posible existencia de la sociedad antimonárquica y anticlerical a los que se consideraban auténticos aspirantes a Illuminati. Pero no era así como se comportaban muchos de los miembros Illuminati de rango inferior. A pesar de la naturaleza secreta de su sociedad, había una gran cantidad de charla suelta que emanaba de muchos miembros. Esto podría venir en muchas formas.

Podían ser fanfarronadas borrachas de poder secreto hechas en bares bávaros, o podían ser una crítica mordaz a la monarquía lanzada en un lugar donde nunca se oían principios tan extravagantes. Durante las cenas, los miembros de los Illuminati insinuaban los planes de su organización secreta para derribar las estructuras de la sociedad, hasta el punto de que su existencia llegó a ser de dominio público entre personas que poco o nada tenían que ver con las sociedades secretas.

Quizá lo más preocupante era que estos labios sueltos a menudo revelaban los nombres de los implicados. Dado que los principios en los que se basaban los Illuminati a menudo resultaban muy amenazadores para quienes ostentaban el poder, la protección que se proporcionaba a los miembros del grupo consistía en su carácter secreto. Mientras nadie supiera que eras miembro de la organización radical, estabas a salvo. Pero a medida que empezó a filtrarse información sobre los cada vez más locuaces miembros de los Illuminati, incluso este velo de protección se levantó. Pronto, los nombres de los miembros de mayor rango empezaron a circular entre la sociedad bávara. Para aquellos que ocupaban puestos de poder e influencia en el gobierno, esto podía suponer un verdadero problema. A medida que la opinión pública se volvía contra esta amenaza clandestina poco conocida, aquellos cuyos nombres estaban vinculados a los Illuminati (con razón o sin ella) se encontraron con que sus cargos y sus vidas eran objeto de un escrutinio cada vez mayor.

Para entonces, las tácticas de reclutamiento de Knigge habían conseguido llenar las filas de los Illuminati con personas procedentes de una amplia gama de cargos cívicos y gubernamentales. Aunque el propio Knigge se había alejado del grupo, dejó tras de sí un legado de creciente influencia. Parecía como si los Illuminati se estuvieran infiltrando lentamente en las filas del gobierno. Aunque no tuvieran entre ellos a las personas que ocupaban los puestos más altos, estaban más que abastecidos de los hombres que llevaban a cabo el trabajo legislativo. Si con el tiempo estos hombres eran ascendidos o recompensados con más poder, entonces los Illuminati sentirían crecer su influencia. Al igual que habían hecho con los francmasones, el plan parecía ser infiltrarse y guiar a un cuerpo anfitrión mucho mayor, mientras se esforzaban por permanecer en las sombras.

De hecho, los Illuminati habían tenido tanto éxito en esto que hubo un periodo en el que la relación de uno con los Illuminati podía tener una gran influencia sobre las interacciones con el gobierno. Tomemos, por ejemplo, la idea de una disputa legal que podría tener que resolverse en los tribunales. Con el aumento de la presencia de los Illuminati en el poder judicial, tendrías muchas más posibilidades de obtener un resultado favorable si estabas en buena relación con la Orden.

Ya se tratara de jueces, abogados o simplemente de personas capaces de ejercer influencia, los Illuminati contaban con los miembros que podían proporcionar ayuda real en este tipo de circunstancias, o podían provocar una verdadera desgracia si su opinión sobre usted no era tan favorable.

Fue este creciente nivel de influencia el que la población en general fue notando y resintiendo cada vez más. Los rumores sobre los poderes y la influencia de los Illuminati crecían y se extendían, superando con creces sus capacidades reales. Mientras la propia Orden se enfrentaba a grandes problemas internos, incapaz de ponerse de acuerdo sobre su dirección, el público y el gobierno sólo veían el espectro inminente de una amenaza muy real. Incapaces de ver el panorama completo, parecían sobrestimar enormemente el potencial de los Illuminati, aumentando el miedo y la preocupación que la Orden estaba provocando. Incluso pequeñas cosas empezaron a ser achacadas a los Illuminati.

Cuando se distribuyeron panfletos antirreligiosos por Baviera, los Illuminati fueron los culpables. Independientemente de si crearon o no los panfletos (no estamos seguros), el hecho de que tanta gente estuviera dispuesta a suponer que esto era cierto es un momento clave en la historia de los Illuminati. Es el momento en que empezaron a convertirse en una leyenda urbana, el hombre del saco invisible al que se podía culpar de los males de la sociedad. Mientras una versión de los Illuminati agonizaba, la otra, más moderna, se preparaba para ocupar su lugar.

Eso no quiere decir, sin embargo, que el público se equivocara en sus presunciones. Aunque había claras motivaciones por parte de los rivales de los Illuminati para desacreditar y disolver la Orden, estas acciones vengativas a menudo se basaban, al menos en parte, en algún elemento de verdad. La razón, por ejemplo, por la que tanta gente estaba dispuesta a creer que los Illuminati podrían haber distribuido los panfletos antirreligiosos es porque esto coincidía perfectamente con muchas de las ideas que los Illuminati querían promover. Incluso si ellos mismos no hubieran hecho los panfletos, los Illuminati probablemente no estaban muy en desacuerdo con el contenido. De hecho, era tal su influencia en el gobierno que era casi un secreto a voces que la influencia de los Illuminati en los tribunales podía proporcionar a la gente un trato preferente. El tesorero electo en Baviera fue un buen ejemplo, siendo su puesto confirmado por dos hombres que formaban parte del Consejo Eclesiástico, quienes hicieron mucho ruido para asegurar el nombramiento. Los tres eran hombres Illuminati. Del mismo modo, la campaña Illuminati contra los Jesuitas siempre había retumbado. A medida que aumentaba su influencia, varias instituciones jesuitas notables habían sido proscritas y prohibidas, y los propios jesuitas habían perdido su control sobre varias instituciones académicas y cargos dentro de la Iglesia. En la Universidad de Ingolstadt, los puestos de enseñanza dominados en su día por los jesuitas se vieron sometidos a presión, y miembros de los Illuminati ocuparon su lugar. Era casi inevitable que este nivel de influencia acabará provocando celos y desconfianza no sólo entre los rivales de los Illuminati, sino también entre quienes no coincidían con sus creencias.

Para el público, parecía como si los Illuminati se estuvieran apoderando del país. Como hemos visto, entre bastidores, las cosas estaban lejos de ser perfectas. Pero gracias a la naturaleza de la sociedad secreta, sólo la punta del iceberg era visible para el público en general. Mientras que los elementos visibles de los Illuminati parecían ser una preocupación genuina, los propios miembros a menudo discutían y estaban en desacuerdo sobre lo que debían hacer en su búsqueda del poder. Tal era la discordia entre el público que las autoridades empezaron por fin a tomar nota del creciente problema de los Illuminati. El asunto llegó a los pies de Karl Theodore, el responsable de Baviera. Ante las crecientes presiones, se vio obligado a actuar.

Su primera medida fue reforzar la prohibición de todas las sociedades secretas. Aunque ya existía, la propia existencia de tres grupos diferentes (los Illuminati, los francmasones y los rosacruces, además de muchos otros) demuestra que no se aplicó rigurosamente. Cuando la marea de la opinión pública se volvió contra los Illuminati, se dio la orden de tomar medidas drásticas contra tales grupos, prestando especial atención a los Illuminati. Algunos historiadores consideran que fue un "golpe mortal" para los Illuminati, ya que la Orden no pudo hacer frente al aumento de la atención y el escrutinio que el gobierno les estaba dedicando. Un edicto, emitido por el gobierno y fechado el 2 de marzo de 1785, dejaba claro que los Illuminati eran considerados específicamente ilegales.

Los miembros más destacados de la Orden se dieron cuenta de que no los querían. Aunque Baviera había sido su base de operaciones y la zona desde la que habían ascendido hasta su posición actual, muchos de los Illuminati de más alto rango decidieron huir. Weishaupt fue uno de los primeros, llevándose consigo todos los documentos, comunicaciones internas, cartas, correspondencia y cualquier otra cosa que poseyera relacionada con la sociedad secreta. Sin embargo, estos fueron incautados en varias operaciones entre 1786 y 1787, y luego fueron publicados por el gobierno ese mismo año. Proporcionó una enorme cantidad de información sobre la formación de los Illuminati y puede demostrarnos el ascenso y la caída de la Orden vista a través de su fundador. Pero Weishaupt no fue el único. Von Zwack corrió la misma suerte: su casa fue asaltada y sus documentos confiscados. Estos también fueron publicados. Con el tiempo, se reunieron suficientes materiales como para proporcionar una buena indicación de cómo exactamente los Illuminati habían llegado a existir.

La publicación de los comunicados internos puede interpretarse como la muerte definitiva de los Illuminati.

Aunque otros acontecimientos -la marcha de Knigge, el edicto gubernamental- señalaron sin duda el final, fue la publicación de estos materiales lo que marcó la transición de sociedad secreta a extraña reliquia del pasado. La característica que definía a los Illuminati de ser una orden oscura y secreta les fue arrebatada.

El edificio de sus habilidades fue derribado y la verdad sobre su organización se puso a disposición de todos. Además de hacer visibles las comunicaciones para todos, la publicación tuvo el efecto de revelar a muchos de los hombres que se consideraban miembros de los Illuminati. Fernando de Brunswick era una de esas poderosas figuras, mientras que Von Zwack era un importante diplomático de la época, además de ser el segundo al mando de los Illuminati. Además, incluso famosos artistas y escritores se vieron implicados, entre ellos Johann Wolfgang von Goethe, los gobernantes de Gotha y Weimar, y Johann Gottfried Herder. Fue más que suficiente para provocar un escándalo en Baviera.

Cuando los líderes de la organización huyeron de la escena y las autoridades desmontaron sistemáticamente la estructura de los Illuminati, muy poco quedó atrás. Tal era la amenaza percibida por las autoridades que no se dejó piedra sobre piedra en la persecución de la Orden. De este modo, los Illuminati dejaron de ser una sociedad secreta ambiciosa y operativa. Aunque hubo grupos de hombres que resistieron a los intentos de los bávaros de destruir el grupo, se les arrebató la capacidad de hacer mucho. Grupos como los masones empezaron a mirar hacia dentro y a considerar cómo los Illuminati se habían infiltrado tan fácilmente en sus logias. Los gobiernos comenzaron a escudriñar todas y cada una de las posiciones influyentes a un nivel mucho mayor.

Aunque los Illuminati habían tenido muy poco éxito, su capacidad para alzarse y convertirse en una fuerza amenazadora en aproximadamente una década sirvió como llamada de atención a los que estaban en el poder. Aunque los Illuminati habían muerto, su influencia seguía viva.

Pero el verdadero legado de los Illuminati era mucho más difícil de comprender. Aunque las estructuras físicas de la organización habían sido desmanteladas y todos sus principales actores habían huido, el nombre de los Illuminati perduró. No sólo se hicieron famosos en la Baviera del siglo XVIII, sino que incluso hoy mucha gente conoce su nombre. Si se pregunta a alguien por una sociedad secreta, lo más probable es que los Illuminati sean uno de los primeros nombres que mencione. Aunque la organización en sí murió, el fantasma de los Illuminati sigue vivo. En el próximo capítulo analizaremos cómo el fantasma de una organización de este tipo pudo convertirse en un nombre tan influyente y poderoso a lo largo de los siglos XVIII, XIX, XX e incluso XXI.

9

Los Illuminati causaron la Revolución Francesa

TRAS LA CAÍDA de los Illuminati, el nombre siguió vivo. A pesar de que Weishaupt y sus secuaces se vieron obligados a huir de la escena y de que toda la organización fue desmantelada por las autoridades, su reputación era tal que fácilmente se les podía culpar de algunos de los acontecimientos más importantes que estaban teniendo lugar en todo el mundo en ese momento. Localmente, en Baviera, mucha gente se apresuraba a atribuir a los Illuminati acontecimientos que se salían ligeramente de lo normal. Las sentencias de los tribunales o los cambios en la política estatal iban acompañados de murmullos de que tal vez alguna sociedad secreta estaba detrás de todo. Los Illuminati, la organización desprestigiada que había sido expulsada del país, eran la opción lógica a la que atribuir cualquier tipo de culpa.

Esto es algo que ha continuado hasta nuestros días. Hoy en día se tiende a atribuir motivaciones a los acontecimientos más aleatorios.

El auge de los teóricos de la conspiración ha dado lugar a una subcultura que cuestiona todos los aspectos de cualquier acontecimiento en todo el mundo. Desde la llegada a la Luna hasta los sucesos del 11 de septiembre de 2001, siempre hay una explicación alternativa. Normalmente, éstas implican conspiraciones oscuras que acechan en el trasfondo. En la mayoría de los casos, el nombre "Illuminati" es lo suficientemente conocido como para proporcionar un título adecuado para tal conspiración. Aunque sabemos que los Illuminati bávaros de Weishaupt están muertos y desaparecidos, el nombre existe como una especie de título para cualquier conspiración improvisada.

Pero no se trata de un fenómeno nuevo. Poco después de la muerte de la organización Illuminati en Baviera, los acontecimientos en Francia tendrían un enorme impacto en el mundo. La Revolución Francesa fue una de las manifestaciones más importantes de la historia occidental, dejando un legado del que puede decirse que incluye el ascenso de Napoleón, la Primera y la Segunda Guerras Mundiales, la Guerra Fría y todo lo que experimentamos en nuestra sociedad actual. En muchos sentidos, el lema "liberté, égalité, fraternité" llegó a encarnar los ideales que impulsarían la historia de los dos siglos siguientes. En poco tiempo, la gente se dio cuenta de que los objetivos de la Revolución Francesa eran muy similares a los de los Illuminati y hombres como Weishaupt. Apenas pasó un tiempo antes de que la gente comenzara a sugerir que los Illuminati podrían haber sido responsables de los acontecimientos en Francia. Pero, ¿cómo se llegó a culpar a la organización de un momento tan importante de la historia?

Las fechas de la Revolución Francesa suelen situarse entre 1789 y 1799. Durante este periodo, los disturbios civiles en Francia se manifestaron de tal forma que animaron al pueblo francés a levantarse contra el orden establecido y derrocar a la aristocracia gobernante. Se desmanteló la monarquía, se instauró la República Francesa y se sentaron las bases para que un hombre llamado Napoleón se alzara y tomara el poder. Todo esto se hizo bajo la bandera de los ideales de la Ilustración. Los puntos de vista liberales y algo radicales de hombres como Voltaire, combinados con años de malas cosechas, fuertes impuestos y resentimiento hacia el clero y la aristocracia, condujeron a un levantamiento sin precedentes que sacudió los pilares de las clases dirigentes europeas. Construida sobre las ideas de la Ilustración, es posible observar los puntos de vista y opiniones de Weishaupt y suponer tranquilamente que la Revolución Francesa debió de ser totalmente de su agrado.

Esto es exactamente lo que parecía haber pasado por la mente de varios escritores en Europa. De hecho, se publicaron dos textos significativos que sugerían que los Illuminati no habían desaparecido. Por el contrario, sólo habían aparentado hacerlo y eran, de hecho, responsables de muchos acontecimientos que cambiaron el mundo, como los que se vieron en Francia.

Los libros eran Proofs of a Conspiracy (Pruebas de una conspiración), escrito por John Robison, y el libro de Augustin Barruel, titulado Memoirs Illustrating the

History of Jacobinism (Memorias que ilustran la historia del jacobinismo), publicados en 1798 y 1797 respectivamente. Aunque sólo por el título queda claro que el libro de Robinson se dedica a establecer una organización secreta, la obra de Barruel funcionaba de forma muy similar. Apenas una década después de la caída de los Illuminati, su nombre era esencialmente un juego limpio para cualquiera que quisiera sugerir la existencia de una peligrosa sociedad secreta.

Como la palabra Illuminati seguía teniendo cierto peso cultural, pero la publicación de los libros estaba lo bastante alejada de los hechos reales, los autores tenían bastante libertad para decir lo que quisieran sobre la supuesta supervivencia de los Illuminati.

En ambas obras existe la convicción de que los Illuminati nunca murieron. Ignorando las pruebas de hombres como Weishaupt y los acontecimientos que condujeron a la disolución de la organización, los dos autores siguen caminos muy similares al detallar la sociedad secreta. Ambos parecen estar de acuerdo en que los Illuminati simplemente se retiraron de la escena pública. Siendo ya una sociedad secreta, parecen sugerir que los Illuminati se convirtieron en una sociedad muy secreta. Desde esta posición en las sombras, los autores sugieren que el grupo pudo organizar acontecimientos como la Revolución Francesa.

El hecho de que ambos libros se vendieran bien demuestra la necesidad que tiene la gente de explicar los acontecimientos de forma simple y reduccionista. Se han escrito cientos, posiblemente miles de libros sobre las causas de la Revolución Francesa. Historiadores y académicos han discutido durante mucho tiempo sobre las causas del levantamiento, aportando lecturas marxistas de los acontecimientos, interpretaciones psicoanalíticas y razones económicas por las que un grupo de personas privadas de sus derechos debía luchar contra sus señores. Pero mientras que la historiografía moderna es más que capaz de proporcionar un razonamiento detallado detrás de los acontecimientos, es mucho más fácil simplemente sugerir que los Illuminati estaban detrás de todo. A medida que las obras de Robison y Barruel se hacían cada vez más populares y los libros se reimprimían una y otra vez, podemos ver por primera vez lo rápido que la gente opta por aceptar la explicación contracultural (y a menudo fácil) en lugar de examinar nada con gran detalle.

. . .

Los dos libros inspiraron una oleada de literatura relacionada con la conspiración. Durante un tiempo, se culpó de muchos sucesos a los Illuminati, así como a otras sociedades secretas cuyos nombres a menudo se han olvidado. A medida que la Revolución Francesa dejaba un enorme impacto cultural en el mundo occidental, se intentaba explicarlo todo con una simple verdad.

En lugar de creer que la historia podía ser un complejo entramado de motivaciones y emociones humanas contrapuestas, la idea de que una organización clandestina movía de hecho los hilos sirvió para reducirlo todo a una explicación muy sencilla (aunque quizá no deseable). También tuvo el efecto de restaurar el orden en un mundo caótico. Para quienes leían literatura conspiracionista en aquella época, la idea de que sucesos como la Revolución Francesa ocurrieran en todo el mundo podía parecer preocupante. La Revolución Francesa destruyó el orden de funcionamiento, el modo de vida establecido. Para aquellos a los que les iba bien, este tipo de caos era una amenaza. El hecho de que un grupo en la sombra manejara en secreto los hilos de la Revolución Francesa le daba una especie de lógica y orden al azar.

.   .   .

Aunque no estuvieran de acuerdo con las acciones de los Illuminati, les reconfortaba saber que alguien, en algún lugar, llevaba las riendas de esta bestia furiosa. En ese sentido, la idea de los Illuminati llegó a ser mucho más importante de lo que nunca había sido la organización viva.

Pero había gente en ese momento que estaba más que feliz de disipar las nociones de una conspiración gigante en toda Europa. Algunas personas compraron alegremente la idea y hombres como el reverendo Seth Payson escribieron libros como Proofs of the Real Existence, and Dangerous Tendency, Of Illuminism que describían a propósito una conspiración Illuminati. Pero el problema era que Payson y los suyos no tenían pruebas.

Si bien podían haber sugerido que los Illuminati existían, era poco lo que podían ofrecer para respaldar sus afirmaciones. Esto proporcionó abundante forraje a hombres como Jean-Joseph Mounier, que escribió un libro titulado Sobre la influencia atribuida a los filósofos, los masones y los Illuminati en la Revolución de Francia. En él criticaba las ideas de la conspiración Illuminati y se mostraba más que feliz de disuadir a la gente de esta creencia.

Pero tal era la popularidad de la idea que hombres como Barruel y Robison pudieron hacer una gran cantidad de dinero con la premisa de una conspiración global. Pudieron viajar al recién formado país de América y dar conferencias y charlas sobre cómo los Illuminati influían en los acontecimientos. Al igual que Payson, rara vez tenían pruebas definitivas. Pero no parecía importar. Estaban bien pagados por sus escritos y bien pagados por su trabajo. Consiguieron influir en otros y, poco a poco, gente como Jedidiah Morse (un sacerdote) empezó a utilizar el material como base de sus propias ideas. Estas ideas también se imprimieron, circularon y se desarrollaron. Poco a poco, todo un género de no ficción especulativa y conspirativa comenzó a extenderse por el mundo. En el centro de todo estaba la idea de que grupos como los ya desaparecidos Illuminati controlaban los acontecimientos mundiales.

Pero muchos de los hechos más destacados se perdieron por el camino.

. . .

Al igual que un juego de salón infantil, en el que se susurra una frase a una serie de oídos hasta que se metamorfosea en algo totalmente distinto, esta idea de los Illuminati se alejaba cada vez más de la verdad. Si bien los libros iniciales habían logrado esbozar las similitudes entre los principios de la Revolución Francesa y los principios de los Illuminati, el trabajo derivado se hizo cada vez más tenue. Pronto, los fundamentos ideológicos de tales conspiraciones desaparecieron. En su lugar surgió la interpretación moderna de los Illuminati que vemos hoy. En lugar del grupo liberal y radical que buscaba derrocar a la monarquía y a la Iglesia, la versión moderna de los Illuminati se ha retorcido tanto que estos ideales nunca se mencionan. En su lugar, los Illuminati son una élite gobernante, o se centran en esclavizar a la humanidad, o esperan utilizar a Israel para derrocar al mundo, o están detrás de las crisis bancarias mundiales. Con muy poco esfuerzo, es posible encontrar a alguien que haya atribuido casi cualquier acontecimiento político del siglo pasado a la obra de los Illuminati.

. . .

Así pues, aunque los Illuminati no fueron en modo alguno responsables de la Revolución Francesa, la posibilidad de que pudieran haber guiado los acontecimientos se ha convertido en uno de los momentos más importantes de la historia de la organización. Hoy en día, el fantasma de los Illuminati es una bestia completamente diferente. Como veremos en la conclusión, los Illuminati modernos se remontan a las teorías conspirativas que plagaron la Revolución Francesa. Muy pronto, encontraremos la verdad final detrás del mito Illuminati.

Conclusión - Los Illuminati en la Modernidad

Hoy en día, la palabra "Illuminati" es básicamente una marca. Totalmente divorciada de los orígenes de la sociedad secreta que surgió en Baviera en el siglo XVIII, el grupo ha sido cooptado por todo el mundo, desde fraternidades universitarias hasta escritores de ficción, desde teóricos de la conspiración en Internet hasta creadores de videojuegos. A través de todas estas iteraciones, la verdadera historia de la organización a menudo se pierde, se olvida o simplemente se ignora por completo. Si queremos cuestionar la idea de los Illuminati en la época moderna, entonces tenemos que entender que el significado de la palabra es totalmente diferente. Si bien hemos examinado en profundidad los orígenes bávaros de los Illuminati, esta comprensión nos muestra cuán separados de la verdad se han vuelto los usos contemporáneos del grupo.

No es raro que los Illuminati inspiren a quienes quieren crear su propia sociedad secreta.

Al haberse convertido en el título por defecto de cualquier tipo de organización en la sombra, muchas organizaciones deseosas de subrayar su propia importancia tomarán a los Illuminati como punto de partida. Ya sea añadiendo alguna variación del nombre -los Iluminados, Iluminación, Iluminar, etc.- o incluso tomando prestada parte de la iconografía de la Orden -el búho del Minerval, por ejemplo-, hay muchos ejemplos de personas que esperan dar credibilidad a su propio grupo invocando a los Illuminati. Puede tratarse de sectas masónicas, fraternidades universitarias o simples curiosos que se reúnen en privado. Todos ellos son conscientes, al menos a cierto nivel, de lo que significa el nombre Illuminati. Sin embargo, rara vez son conscientes de lo que significaba la Orden.

En una línea similar, hay muchas obras de ficción que optan por utilizar a los Illuminati como recurso argumental.

Autores de ficción consagrados como Dan Brown (autor del Código Da Vinci y Ángeles y demonios) y Umberto Eco (El péndulo de Foucault) han vendido muchas novelas con personajes relacionados de algún modo con los Illuminati.

Los Illuminati pueden ser un recurso argumental muy útil, desde los libros infantiles hasta las películas y los videojuegos. Gracias a su reputación, despiertan una especie de familiaridad instantánea, especialmente útil porque los autores pueden ajustar las motivaciones del grupo en función de la historia concreta.

Hoy en día, la primera vez que mucha gente conoce la palabra "Illuminati" es a través de obras de ficción como éstas, creadas por escritores cuya investigación puede variar desde lo increíblemente profundo a lo casual y superficial.

Con tantos medios de comunicación que representan a los Illuminati, el fantasma de la sociedad secreta bávara ha cobrado nueva vida como organización recurrente en la ficción, al igual que las Naciones Unidas o la NASA.

La prevalencia de los Illuminati en muchas formas de ficción puede constituir a menudo el punto de partida para que la gente comprenda al grupo, pero muy rara vez es el punto final. Una vez que la gente oye el nombre, a menudo despierta su interés y siente curiosidad por saber de qué va el grupo. Inevitablemente, recurrirán a Internet. Basta con teclear la palabra "Illuminati" en un motor de búsqueda para obtener 25.000.000 de resultados. En veinticinco millones de páginas web de todo Internet, alguien ha mencionado a los Illuminati. Echando un rápido vistazo a la primera página de resultados, la autenticidad de la investigación se vuelve rápidamente cuestionable. Muy pronto, las preguntas se alejan de los hechos históricos y verificables y se centran en cuestiones como si los Illuminati controlan la industria musical, si influyen en los famosos o si su logotipo aparece en la moneda estadounidense. Tales cuestiones están tan completamente divorciadas de los Illuminati originales como para ser algo totalmente distinto.

Tomemos, por ejemplo, el mito de que los Illuminati figuran en el billete de un dólar de los Estados Unidos de América. Según la leyenda, en el billete figura lo siguiente:

•El ojo iluminado flotando sobre la pirámide, del

que se dice que representa a Lucifer, el Gran Arquitecto. El ojo nunca fue un símbolo de los Illuminati, y su relación con lo oculto y lo místico era, en el mejor de los casos, inconsistente, lejos de su reputación de adoradores del diablo.

•La pirámide presenta 13 capas de ladrillos, que representan las 13 colonias originales de América, y 72 ladrillos para representar los 72 poderes del nombre cabalístico de Dios. Los Illuminati no tuvieron presencia en América, desde luego no durante la fundación del país, y cualquier tipo de creencia en el misticismo judío puede considerarse ridícula, ya que los judíos tenían prohibido ingresar.

•La fecha MDCCLXXVI, que representa el día en que se formaron los Illuminati - ignorando la naturaleza auspiciosa de esa fecha en términos de la historia americana, el nombre Illuminati no se inventó hasta dos años después.

•La prevalencia del número 13, conectado con el paganismo y el poder sobre las trece colonias - el paganismo estaba en desacuerdo con la naturaleza racional de la mentalidad Illuminati.

Hay muchos más sitios web que afirman que casi todos los aspectos del billete de un dólar (y otros) aluden a los Illuminati y a cómo controlan secretamente América.

Teorías conspirativas como ésta no sólo son el uso más común de la palabra Illuminati en la era moderna, sino que representan una interpretación mal informada y a menudo deliberadamente ignorante de la historia de la Orden. Incluso la investigación más somera puede eliminar los detalles menores y las sugerencias presentadas por estos sitios web.

Es más, pocos de los teóricos son capaces de responder a la pregunta de por qué una sociedad secreta declararía su existencia en uno de los artículos más comunes del país. Si los Illuminati querían mantener su existencia en secreto, es poco probable que se anunciaran en la moneda del país.

Además, si realmente dejaron mensajes codificados, sus códigos podrían resistir un mayor escrutinio que hacer vagas asociaciones.

En cambio, estos sitios web desempeñan la función moderna esencial de los Illuminati en nuestra cultura. Los millones de sitios que afirman poseer conocimientos sobre las tendencias conspirativas de unos Illuminati modernos simplemente comercian con la famosa naturaleza del nombre a cambio de atención. Puede ayudar pensar en el uso del nombre como una franquicia. Al igual que con una cadena de comida rápida, una persona toma el nombre y lo pone encima de su puerta. El nombre conlleva ciertas connotaciones para el espectador, que sabe lo que puede esperar cuando entre. Al igual que un cliente de comida rápida puede esperar el mismo tipo de hamburguesas en todo el país, los que se adentran en las zonas más dudosas de Internet que fijan la palabra Illuminati sobre su puerta saben qué esperar. Y al igual que en los restaurantes de comida rápida, las personas que cocinan la comida son completamente diferentes. Aunque sobre la puerta aparezca el mismo nombre, las personas que están dentro distan mucho de ser los trabajadores originales. Hoy en día, el nombre Illuminati tiene un cierto significado cultural, pero muy poco más.

Entonces, ¿por qué sigue siendo importante el nombre? Además de la fascinación que algunas personas sienten por la idea de las teorías conspirativas, una de las explicaciones más importantes de la popularidad de los Illuminati es sencilla. El dinero. Al poner la palabra Illuminati en el título de un libro, se puede esperar vender más copias. Ponga la organización en una película o videojuego y la gente sabrá qué esperar. Menciónela en Internet y la gente acabará llegando a su sitio. Más que a una conspiración global, la popularidad de los Illuminati en la era moderna puede atribuirse normalmente al frío y duro dinero en efectivo.

Es revelador que hombres como Mark Dice o David Icke puedan comerciar tan libremente con el nombre de los Illuminati. A menudo prestan muy poca atención a los orígenes bávaros de la organización y juegan con la concepción moderna de la Orden. Se puede ganar mucho dinero con la naturaleza inquisitiva de la gente. El público quiere conocer el secreto, la solución, la clave de cómo funciona todo.

Aunque las verdaderas respuestas a estas preguntas suelen ser infinitesimalmente correctas, empaquetar una respuesta sencilla puede ser inmensamente rentable. Al afirmar que los Illuminati son unos modernos titiriteros mundiales, es posible ofrecer una explicación alternativa que es ligeramente plausible, mucho más fácil de comprender y casi imposible de demostrar que es correcta o incorrecta. Del mismo modo que los Illuminati se han convertido en una marca de teorías conspirativas anodinas, también se han convertido en una empresa rentable.

Si se lee casi cualquier texto sobre el tema, apenas se mencionan los ideales originales de la Ilustración que subyacen al grupo, ni las discusiones entre Knigge y Weishaupt. En su lugar, la discusión deriva hacia encuentros con celebridades, explicaciones iconográficas poco entusiastas y tergiversaciones exhaustivas de la historia real. Se ignoran las pruebas y en su lugar se presenta una alternativa tentadora y excitante. Una verdad que podría ser cierta, pero que nunca se demostrará. Hoy, los Illuminati están muertos y desaparecidos. En su lugar, ha surgido un fantasma moderno de la Orden que se ha convertido en una opción rentable y entretenida para cualquiera que quiera creer en la posibilidad de una conspiración.